호락호락 아프리카

이문환 지음

KNOWLEDGE COMMUNITY 공동체

무언가를 발견하는 진정한 여행은
새로운 풍경을 찾으려는 여행이 아니라
새로운 시각을 가지려는 여행이다.

– 마르셀 프루스트 –

프롤로그 |

전역을 삼 개월쯤 앞둔 가을이었다. 동기들과 마찬가지로 증명사진을 찍고 입사원서를 쓰고 아이큐테스트 같은 시험을 보는 날들이 이어졌다. 평범한 학창시절과 별날 것 없는 대학생활을 보냈던 내게 전역신고 다음날부터 시작되는 신입사원의 생활은 다음 관문이자 예정된 수순이었던 것이다.

한번쯤 벗어나 보고 싶었다. 입시, 입대, 졸업, 취직으로 이어지는, 한 판을 깨고 나면 다음 판의 왕이 버티고 있는 스테이지의 게임을. 그 정해진 틀을 말이다. 그리고 그것을 가장 과감하면서 즐겁게, 또 의미 있게 깰 수 있는 것은 여행이라고 생각했다.

무엇보다 내겐 '지금'이어야 할 이유가 분명 있었다. 아직 이십 대였고 군 생활 3년간 모아둔 돈이 꽤 있었으며 가장 중요한 직장이 없었다. 겨우겨우 직장에 들어가고 나면 결코 그만둘 용기가 생길 것 같지는 않았기에 '무직'이라는 불안정한 신분은 오히려 부담을 덜어주는 쪽으로 작용했다. 집안의 반대를 무릅써 퇴사를 하고 집을 팔아 여행을 떠났다는 사람들에 비하면 나는 출발점이 훨씬 더 앞서 있던 셈이다. 그렇게 '떠날 수 있는' 조건은 '떠나야 할' 당위로 바뀌어 갔고, 이따금 들리는 '사상 최악의 청년 실업률'이라는 무시무시한 뉴스 속에서도 대책 없는 용기는 점점 더 자라났다. 떠나야 했다. 떠나지 말아야 할 이유가 더 많아지기 전에.

마음먹기가 어려워서 그렇지 결심을 하고 나니 생각보다 빠르게 일이 진행됐다. 인터넷 카페에서 필요한 정보를 수집하고 여행사도 두 번이나 방문해서 상담도 받았다. 심지어 여행동호회에 나가 이미 다녀온 사람들에게 조언도 들었다. 그전엔 이런 세상이 있는 줄 몰랐다. 이렇게 멀리 오랫동안 떠났다 온 사람이 많았다니. 이렇게 떠나고 싶은 사람이 많았다니.

여행 준비는 여행기간에 비례하여 노력과 시간이 요구되는 건 아니었다. 어느 식당 가서 뭐 먹기, 어디 어디 가서 야경 보기, 같은 구체적인 계획이 필요 없으니 오히려 단기여행보다 준비하기 더 수월했다. 대륙 간 이동 스케줄과 굵직굵직한 관광일정 정도만 짜놓고 나니 대략 루트가 완성됐다(이런 신속한 진행이 얼마나 큰 비효율을 초래하는지는 여행하면서 깨닫게 됐다).

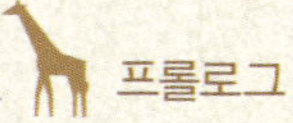

아프리카를 첫 목적지로 결정하기까지는 별다른 고민이 필요하지 않았다. 지구를 한 바퀴 도는 일정에는 따뜻한 계절을 좇아가야 한다는 여행계의 불문율도 있었지만 그게 전부는 아니었다. 그것은 상대적으로 친근한 동남아나 유럽보다는 전혀 가보지 못한 곳, 낯선 대륙에서 여행을 시작해야 '세계 일주'라는 거창한 타이틀에 걸맞을 거라는 나 나름대로의 포부(이자 허세)였다. 그래서 바로 가는 항공편이 없음에도 불구하고 굳이 아프리카를 내 첫 목적지로 정했다.

휴대용 인화기와 1,000장의 필름 역시 순전히 아프리카 여행을 좀 더 재미있게 하기 위해 준비한 도구였다. 수많은 여행기에 등장하는 아이들은 정작 본인 사진 한 장 가져본 적 없을지도 모르겠다는 안타까운 마음도 있었지만, 사진이라는 매개를 통하면 아이들에게 좀 더 친근하게 다가갈 수 있겠다는 생각이 더 컸다. 분명 초콜릿 같은 것보다는 더 의미 있는 선물이 될 테니까(서로 갖겠다고 싸울 리도 없고). 거기에서 살 수는 없어도 그들을 경험하고 그들과 교감해 보자는 내 여행 모토에 제법 잘 부합하는 방법이라고 생각했다.

준비가 제법 잘 되어가는 것 같다가도 문득 해야 할 일이 생각나면 허겁지겁 해치우는 날들이 흘러 드디어 6월 24일. 떠나기 전날 밤이 되어서야 겨우 뚜껑을 닫은 배낭을 메고 나는 인천공항 앞에 섰다.

이 글은 긴 여행의 시작인 아프리카에서의 일기다. 책을 덮은 후 당신에게 아프리카가 더는 멀고 어려운 여행지로 느껴지지 않는다면 더할 나위 없겠다.

차례

에티오피아

AFRICA

에티오피아

아디스아바바 – 아프리카의 시작

런던과 나이로비를 거쳐 아디스아바바로 가는 길. 세계 일주 항공권에 포함되지 않은 아디스아바바행 비행기표를 굳이 따로 구입한 이유는 바로 대학 선배가 아디스아바바에 있는 NGO에서 근무하고 있기 때문이었다. 에티오피아는 '아프리카 여행'하면 가장 먼저 떠오르는 나라는 아니었지만 나는 단지 지인이 있다는 이유 하나로 그곳을 내 첫 번째 목적지로 정했다. 2~3주간 공짜로 머물 수 있다는 것도 장점이거니와 낯선 대륙 아프리카로의 여행에 동행을 만들어 조금이라도 긴장감을 덜자는 속셈도 있었다.

런던에서 1박을 하고 나이로비에 도착한 시각은 밤 9시. 아디스아바바행 비행기가 아침 6시경이니 공항에서 밤을 꼴딱 새야 할 판이었다. 택시기사들의 그다지 집요하지 않은 호객행위를 사뿐히 지나쳐 입국장 밖을 빠져 나왔다. 나이로비 공항은 출국장과 입국장이 따로 있어 건물 밖으로 나와야 했다. 밖으로 나와 숨을 한번 들이마시니 내가 비로소 아프리카 땅을 밟았다는 생각이 든다. 출국 터미널까지는 몇 발짝 되지 않았지만 낯선 대륙이 주는 묘한 긴장감에 걸음을 재촉했다.

내가 가본 대부분의 아프리카 공항들은 공항 건물 입구에서부터 짐 검사를 했다. 외국인에게는 조금 관대한 편이지만 내국인들의 경우에는 출국하는 사람이 아니면 공항에 들어갈 수 없는 경우도 있었다. 나이로비 공항도 마찬가지였고 나는 검색대를 통과하여 단층 건물인 출국장 안으로 들어섰다. 우리나라의 인천공항을 기대한 건 아니었지만 조모 케냐타 국제공항은 너무하다 싶을 정도로 편히 앉아 쉴 곳이 없었다. 꽤나 불편해 보이는 의자에 앉아 주변을 살폈다. 터미널 내부에 있는 사람이라곤 청소부와 나같이 밤을 새고 새벽 비행기를 타려는 사람들뿐이다. 위험해 보이진 않지만 편안할 정도는 아니다. 의자는 보기보다 더 불편했고 배낭에 기대어 조는 와중에도 엉덩이가 아파서 계속 자세를 바로잡아야 했다.

헬로. 헬로. 웬 흑인 아주머니가 내 앞에 서 있다. 에티오피아 항공을 탈 거냐고? 아, 항공사 직원이구나. 예스예스. 직원이 친히 승객을 깨워주시고 친절도 하셔라. 출발시각 3시간 전인 2시 40분부터 체크인을 시작한다. 보딩패스가 나오는 동안 주위를 둘러봤다. 공항 전체에 동양인은커녕 백인도 찾아볼 수가 없다. 당연하지. 여긴 아프리카니까.

출발시각이 앞당겨져서 생각보다 일찍 아디스아바바에 도착했다. 형이 나와 있지 않으면 어쩌나 마음을 졸이며 공항 밖으로 나갔는데 반가운 얼굴은 보이지 않고 낯선이들의 무심한 눈빛만이 나를 향하고 있었다. 일단 사람들을 따라 파란색 승합차가 줄지어 서 있는 곳으로 슬쩍 걸음을 옮겼다. 택시기사들이 보기에 우루루 걸어오는 무리 중 가

하늘에서 내려다 본 에티오피아

장 눈에 띄는 사람은 바로 커다란 배낭을 메고 어리버리한 표정으로 주위를 두리번거리는 동양인이었을 것이다. 아니나 다를까 젊은 아저씨 한 명이 내게 다가온다.

"택시?"

"아니, 친구를 기다리는 중이에요."

"친구 핸드폰 번호 알아? 이걸로 걸어봐."

'나에게 접근하는 사람은 장사꾼 혹은 사기꾼이다. 그냥 호의를 베푸는 사람은 없다'라는 여행자의 불문율이 생각나 경계심을 곤두세웠지만 그래도 어떡하나, 일단 형한테 연락을 하고 봐야지. 다행히 형은 거의 다 도착한 모양이다.

"네 친구가 오면 내 택시를 같이 타면 되겠네."

아저씨는 다른 뜻이 있는 게 아니라 단지 우리 둘 다 태우려는 것이

아디스아바바 볼레 국제공항

었다. 친구가 차를 가져온다고 하자 'No Problem'이라며 씩 웃으며 돌아서는 그의 뒷모습을 보며 왠지 모를 미안함을 느꼈다.

진무 형과 반갑게 재회하고 형이 사는 집으로 가는 길. 너무 번듯해서 놀랐던 공항과는 달리 처음 만난 아디스아바바는 그다지 낭만적이지 않다. 차선은 없지만 잘 닦여 있는 도로, 여기저기 솟아 있는 고층 건물은 최근 급성장하는 에티오피아의 경제상황을 비춰주지만 뿌연 하늘과 지독한 매연, 인도를 침범한 공사현장의 잔해들은 그 이면의 부작용을 보여주는 듯하다. 물론 첫 여행지와의 만남에서 오는 설렘은 이와는 별개로 이미 찾아와 있다.

형이 사는 집은 혼자 쓰기엔 충분이 넓고 쾌적했다. 널찍한 거실에다가 마치 형에게 예지력이라도 있었던 것처럼 방도 두 개였다. 침대에 옷

장, 거울이 있는 화장대까지 있어 앞으로 여행하면서 묵을 도미토리에 비하면 호텔 수준이다. 얼른 밖에 나가고 싶어 짐을 대충 던져놓고 거리로 나왔다. 거리에 발을 디딘 순간, '오오. 내가 무사히 아프리카 땅을 밟았구나. 한국에서부터 얼마나 멀리 날아왔던가. 어제 밤 공항은 또 얼마나 추웠던가' 하는 감격이 몰려온다. 어디서 왔는지 개 한 마리가 혀를 내밀고 내 옆을 지나갔다.

골목을 벗어나 대로변으로 나오니 사람들의 시선이 날아와 꽂힌다. 자전거를 타고 지나가던 행인으로부터, 옆에서 버스를 기다리는 사람들로부터, 과일가게 주인으로부터. 이방인에 대한 노골적인 눈빛은 경계심일까 호기심일까. 환희에 차 가볍던 발걸음이 조심스러워졌다. 애써 태연한 척 미소와 함께 그들에게 가벼운 눈인사를 보냈다.

와이파이가 거의 없는 에티오피아에서 3주를 지내기 위해서는 유심칩이 필요하다. 그래서 가장 먼저 향한 곳이 바로 이동통신사였다. 겨우 찾은 통신사 사무실은 삼엄했다. 경비 아저씨가 길을 막으며 가방을 열어서 보여줄 것을 요구하더니 카메라는 반입할 수 없다며 자기에게 맡기란다. '세계 일주의 첫날 카메라를 잃어버리면 여행이 아주 스펙터클 해지겠지?' 하는 속내를 읽었는지 아저씨는 작은 경비실 안에 보관함을 보여주면서 여기에 둘 테니 걱정 말라는 눈빛을 보내셨다.

아프리카의 이동통신 산업이 엄청나게 빠른 속도로 발전하고 있다는 얘기를 들은 적이 있는데 그 말은 사실로 판명이 났다. 평일 낮시간에도 이렇게 많은 사람이 모여 있으니 말이다. U자형의 기다란 소파에 앉은 사람들이 한 칸씩 옆으로 이동하며 자기 차례를 기다린다. 이 안에서도 시선 세례는 계속된다. 민망할 정도로 빤히 쳐다보시는 할아버지와 우릴 보고 킥킥거리는 아주머니들. 부담스럽지만 기분이 나쁘지는 않다. 아마 수십 년 전 한국에 왔던 외국인들도 비슷한 경험을 했을 거다. 아까부터 계속 나를 살피던 젊은 남자가 말을 걸어온다.

"어디서 왔어?"

"한국(South Korea)."

"너 그럼 한국과 에티오피아 사이에 역사적으로 무슨 일이 있었는지 알아?"

6.25 파병을 얘기하는 것 같다.

"알지."

"뭔데? 말해봐."

안면을 트자마자 취조를 하는 건지 퀴즈를 내는 건지 아무튼 어이가 없었지만 모르는 것처럼 보이긴 싫어 얼른 대답했다.

"한국전쟁 때 에티오피아에서 파병했잖아."

"그래서 고맙게 생각하고 있어?"

"고… 고맙지."

그제야 만족한 듯 옅은 미소를 보이는 그. 당황스러웠지만 역사의식이 투철한 시민이거나 고등학교 역사 선생님쯤 되는 사람이겠거니 생각하기로 했다. 형에게 나중에 물어보니 에티오피아 사람들은 한국이라고 하면 이 얘기를 항상 한다고 한다. 그러면서 이 사람처럼 꼭 생색을 낸다고…. 아…. 나중에 또 물어보면 대답을 더 잘해야겠네.

내가 온 첫날이니 저녁은 거하게 먹어야 한다며 형이 한식당에 가자고 했다. 설마 식당이름이 아리랑이 아닐까 했는데 역시나였다. 전 세계 체인 한식당인 아리랑 아디스아바바점에서 첫날의 저녁만찬을 즐기게 된 거다. 아무 생각 없이 반바지에 슬리퍼 차림으로 식당에 도착했는데 아디스아바바에서 흔히 볼 수 없을 것 같은 고급 승용차가 멈추더니 정장을 입은 사람들이 내린다. 그리고 그들은 우리와 같은 식당으로 들어갔다. 여기에서 한식당은 VIP들이 찾는 고급 레스토랑인가 보다. 그 모습을 보니 굳이 첫날부터 한식을 먹어야 하나 탐탁지 않던 마음이 싹 싸라진다. 자리를 잡고 메뉴판을 집었다. 메뉴가 많기도 하다. 김치찌개와 제육볶음을 시켰다. 에티오피아 한식당에 와서 고작 김치찌개와 제육볶음이냐 만은 괜히 모험을 했다가 첫 식사를 망치고 싶지는 않다. 나의 선택에 흐뭇해하며 주변을 두리번거리는데 옆 테이블에 분위기 있게 앉은 두 여성이 보였다. 그리고 테이블 가운데에는 배추김치를 담은 큰 접시가 덩그러니 놓여 있었다. 그리고 그 두 여성은 마치 전채요리를 먹듯이 김치를 조금씩 먹고 있었다. 그것도 젓가락으로.

아이들과의 첫 만남

형이 일하는 NGO에서 아이들을 위한 기념행사가 있는 날이었다. 사무장님의 차를 타고 엄청나게 울퉁불퉁한 길을 지나 골목 안쪽으로 들어가니 한 건물 앞에 아이들이 여럿 모여 있었다. 오늘 행사가 있는 걸 알고 아이들이 몰려들었는데 장소가 모든 아이들을 들여보내 줄 만큼 넓지 않아 저렇게 문 밖에서 기다리고 있는 거라고 했다. 안타깝게도 그 아이들은 행사가 끝날 때까지 문 앞을 서성였다.

문을 열고 들어가 차에서 내리니 아이들이 몰려들어 땡그란 눈을 깜빡이며 손을 내밀어 너도나도 악수를 청한다. 한국 사람들이 오면 아이들이 너무나 좋아해서 사무장님이 아마 유명인이라도 된 기분을 느낄 거라고 하셨는데 정말이었다. 아이들이 내민 손을 잡을 때마다 '아유 고맙습니다. 이번에 꼭 좀 밀어주십쇼'라고 해야 할 것 같았다. 연보라색 니트를 교복으로 입은 유치원생들이 있는 교실로 들어가니 열렬한 환영과 함께 'Hi, Hello, How are you, What is your name' 등 알고 있는 모든 영어를 마구마구 쏟아낸다.

아직 행사 전이라 강당은 비어 있었다. 몇몇 아이들이 의자에 앉아 있길래 다가가 봤다. 여기서도 나는 아이들의 관심을 한몸에 받는다.

길거리의 아이들처럼 구걸을 하거나 '차이나, 차이나' 하며 조롱을 하는 아이들은 없다. 한국 사람들은 자기들을 위해 뭔가 좋은 일을 하러 왔다고 생각하는 것 같았다. 행사가 시작됐고 아이들은 주황색 행사 기념 티셔츠를 입고 쪼르르 강당으로 입장했다. 현지 스탭이 내게도 티셔츠를 건넸다. 'African Child Day'라는 문구를 보고 잠시 갸우뚱했지만 일단 입고 강당으로 따라 들어갔다.

아이들 무리에 섞여 있으니 평생을 봐온 내 피부색이 갑자기 낯설어졌다. 반바지에 슬리퍼 차림으로 와서 오늘따라 유난히 더 드러난 내 다리가 이상할 정도로 하얗게 보이는 것이었다. 사실 에티오피아 사람들은 서아프리카나 남아프리카 사람에 비해 피부가 덜 까맣다(근데도 그렇다). 사람들의 얼굴도 우리가 흔히 알고 있는 아프리카인의 외모와 달리 코가 높고 눈이 부리부리해서 여러모로 중동 사람들의 외모에 가깝게 보이기도 한다. 덩치는 다른 아프리카 민족보다는 왜소해서 길거리를 지나다녀도 대한민국 평균 언저리에 있는 나보다도 작은 성인남자들도 많이 볼 수 있다. 그래서 그런지 혼자 길을 다녀도 기가 덜 죽는다.

행사는 아이들의 노래, 콩트, 연극 등으로 진행됐는데 사실 현지어

'반짝반짝 작은 별'을 부르는 아이들

인 암하릭(Amharic)을 모르는 나는 오 분 만에 지루해졌다. 슬그머니 강당 밖으로 나오니 나와 같은 처지의 유치원생들이 마당에 앉아 식사를 기다리고 있었다. 연보라색 니트를 입은 개네들이다. 살며시 다가가서 말을 걸어보려는 순간, 여럿이 내게 악수를 하려고 달려들어 그만 아수라장이 되고 말았다. 내가 어쩔줄 몰라 하는 사이에 선생님 한 분이 나오셔서 '반짝반짝 작은 별'을 통해 아이들을 순식간에 진정시키셨다. 아이들이 어찌나 열심히 따라 부르던지. 정말 글로벌한 동요가 아닐 수 없다. 유치원생 아이들과 놀기는 글렀다는 생각이 들어 강당 앞에 쪼그려 앉아 있는 초등학교 저학년생쯤으로 보이는 아이들과 같이 앉아서 공기놀이를 하며 행사가 끝나길 기다렸다(역시 글로벌한 놀이가 아닐 수 없다). 여기서도 마찬가지로 아이들은 자신들이 알고 있는 영어를 총 동원한다. 폭풍 같은 질문을 쏟아내던 열한 살짜리 여자아이는 묻다묻다 밑천이 드러났는지 나중엔 우리 할머니 이름까지 물어봤다.

행사가 끝나고 아이들의 개인 사진을 찍어줄 시간이 있었다. 선생님들과 직원분들의 협조로 이런 시간을 갖게 되어 감사했다. 아이들은 뭔지도 모르면서 기대를 잔뜩 한 눈치다. 반별로 줄을 세워 한 명씩 벽 앞에 세워 사진을 찍기 시작했다. 아이들은 카메라 앞에 서는 게 어색한지 처음엔 차렷 자세로 굳어 있다가 내가 먼저 웃어주면 그제야 긴장을 풀고 환하게 웃는다. 뷰파인더 속의 아이들이 웃는 순간을 정확히 포착할 때의 그 희열. 아, 이거 하길 잘했다.

인화기 배터리의 한계로 그 자리에서 전부 인화를 해줄 수는 없었다. 어차피 며칠 후 다시 이곳에 모인다고 하니 그때 나눠주면 될 것 같다. 아이들은 자기가 예쁘게 웃고 있는 모습이 담긴 사진을 받아 보리라는 생각은 하지 못하겠지. 찍을 때는 기다리는 아이들이 많아 사진을 한 장씩 찬찬히 볼 수가 없었는데 집에 와서 인화를 하면서 보니 하나같이 어쩜 이렇게들 예쁜지 모르겠다. 예쁜 애들만 모아놨나(형에게 들으니 실제로 에티오피아 아이들이 NGO나 국제기구 홍보물에 자주 등장하는 편이라고 한다). 며칠 후 아이들이 사진을 받고 좋아할 모습을 떠올리니 웃음이 났다.

길거리에서의 우연한 만남들

형네 집에 얹혀 살며 형이 해준 밥을 먹고 지내는 내게 정해진 하루 일과 따위가 있을 리 만무했다. 그냥 형이 볼일이 있으면 따라 나가서 동네 사람들 구경하고 볼일이 끝나면 저녁거리를 사들고 집으로 들어오는 날들이 이어졌다.

그날도 마찬가지로 형을 따라 밖으로 나왔다. 화창한 날씨에 어울리

지 않는 으슥한 골목을 걷고 있을 때였다. 행여나 저기 저 코너에서 불량배들이 튀어나오지 않을까 주시하며 가방을 앞으로 바꿔 맸다. 그러나 모퉁이를 돌자 눈앞에 나타난 건 불량배들이 아니라 쪼그려 앉아 놀고 있는 동네 꼬마들이었다. 안경을 쓴 외국인 둘은 이 아이들에겐 신기한 놀 거리다. 이 녀석들은 서슴없이 다가와 우리를 놀리기 시작한다. 사진을 찍어줄까 싶어 인화기를 켰는데 그새 방전이 됐는지 작동이 안 된다. 가방에서 뭔가 뒤적이는 나를 기다리던 아이들은 기대감을 잔뜩 머금은 표정을 지으며 슈렉 고양이의 눈망울을 발사하고 있었다. 아, 하필 이럴 때 방전이라니.

말은 안 통하니 내가 할 수 있는 건 최대한 미안한 표정을 지어주는 것뿐이다. 그렇게 아이들 사이를 헤치고 가려는 찰나, 그중에 가장 어린, 이제 막 걷기 시작한 것처럼 보이는 아기가 아장아장 걸어와 나를 향해 팔을 뻗는다. '이 어린아이도 벌써부터 외국인을 보면 돈을 달라고 하는 구나'라는 안타까움이 스치는 것도 잠시, 뭔가 느낌이 다르다. 아, 안아달라는 건가? 몸을 숙여 아이에게 가까이 갔다. 그랬더니 그 아이는 내 목을 끌어안더니 볼에 입을 맞췄다. 나는 깜짝 놀라 웃음을 터뜨릴 수밖에 없었고 주변에 다른 아이들과 동네 어른들도 다 같이 박수를 치며 웃는다. 무방비 상태로 있는 내게 달콤한 공격을 한 방 먹인 꼬마도 역시나 웃고 있다. 어떻게 낯선 사람에게 스스럼없이 다가가 입을 맞출 수 있는 걸까. 앞으로 더 많이 구석구석 걸어 다녀야겠다.

또 다른 어떤 하루. 집에 돌아오는 길에 소나기가 쏟아져 교회 앞 처마 밑으로 몸을 숨겼다. 곧이어 들어오시는 한 할아버지. 우리를 보더니 다가와 돈을 달라고 손을 내미신다. 2비르(약 120원)를 드리고는 사

진을 찍어도 되냐고 물었다. 할아버지는 흔쾌히 허락하시며 카메라를 향해 웃음을 지어주셨다. 할아버지가 손에 쥐고 계신 건 내가 드린 2비르. 인화기로 사진을 뽑아드리자 기뻐 받으시며 작은 목소리로 속삭이듯 말하셨다.

"God Bless You."

한참 동안 자신의 모습을 바라보다 사진을 품속 깊이 넣으신다. 어쩌면 할아버지는 자기 사진을 가져본 적이 없었는지도 모른다. 비가 잦아들자 가던 길을 가려던 우리에게 돈을 더 달라고 하시던 할아버지. 아, 그래. 이곳은 모든 것이 나의 기대처럼, 내 생각대로 흘러가는 곳이 아니다. 체면보다는 저녁식사가, 염치보다는 오늘 하루 벌이가 중요한 사람들의 현실을 마주 했을 때, 고작 사진 한 장과 푼돈을 쥐어주고 마음의 무거움을 잠깐이나마 덜었던 나는 죄인이 된 것 같았다.

아디스아바바에서는 도로변에 무리 지어 다니는 아이들을 쉽게 볼 수 있다. 부모도 없이 어쩜 저렇게 그냥 찻길을 건널까 하는 걱정이 들 정도로 어린아이들이다.

한 골목에서 에티오피아 축구 국가대표 유니폼을 입은 아이들을 만났다. 에티오피아에선 어른 아이 할 것 없이 에티오피아 축구 대표팀

유니폼을 많이들 입는데, 이때가 한창 월드컵 예선을 치르는 중이라 열기가 더 뜨거운 것 같았다. 유니폼을 입고 왁자지껄 노는 아이들에게 슬그머니 다가가 봤다. 낯선 아시아인 둘이 다가오니 아이들은 잠시 멈칫하더니 이내 신경을 끄고 하던 놀이를 계속한다. 바로 그 앞에 있는 가게에서는 한 아주머니가 아이들을 지켜보고 있었는데 이 중 한 아이의 엄마로 보였다. 그래서 일단 아주머니께 말을 걸었다.

"이 아이들의 사진을 찍어도 될까요?"

"왜?"

"찍어서 뽑아서 주고 싶어서요."

아주머니는 의심 가득한 눈초리로 다시 묻는다.

"그러니까, 왜?"

그래. 이 아주머니에게는 내가 아이들 사진을 찍어서 돈벌이를 하려는 관광객으로 보일 수도 있겠지. 그래도 나는 굽히지 않고 다시 대답했다.

"그냥 그러고 싶어요."

그때까지도 아주머니는 내게서 의심의 시선을 거두지 않았지만 이미 아이들은 사진에 찍힌다는 사실만으로도 약간 흥분한 듯 보였다. 그 사진들을 본인들이 갖게 될 줄은 모르고.

아이들의 사진을 찍다 보면 조금 힘든 점이 (특히 아이들이 아주 어릴 경우) 아이들이 가만히 있지 않고 계속 움직인다는 점인데 이때도 마찬가지였다. 여러 명이 모여 있어 그런지 아이들은 카메라 앞에서 익살스러운 표정을 지으며 흥분했고 다섯 아이들이 다 카메라를 바라보는 사진은 찍지 못했다. 결국 가장 어린 꼬마아이는 다른 곳을 쳐다보고 있다.

사진을 찍고 그냥 갈줄 알았던 이 아저씨들이 안가고 뭔가 가방에서 꾸물꾸물 꺼내어 연결하는 모습을 보고 아이들은 호기심 어린 눈빛을 보인다. 난 이렇게 아이들로 둘러싸였을 때 한국말로 아이들에게 설명하곤 했다.

"자, 기다려봐. 이렇게 연결을 하면 말이지…. 자. 뭔가 나오지? 오~ 이건 네 얼굴이네. 여긴 얘 모습도 있다. 다 나왔다~"

아이들은 마치 내 말을 전부 알아듣는 양 고개를 끄덕거리고 수줍게 사진을 받는다. 그리고 먼저 받은 아이와 자기가 방금 받은 사진을 비교한다. 다 똑같은 사진이라고 말해줘도 아이들은 신이 나서 서로의 사진을 보고 시시덕거린다. 그리고 이 모든 걸 지켜보고 있던 아주머니는 퉁명스럽게 말했다.

"땡큐."

한밤중의 공포택시

비가 오던 어느 날 밤. 형 지인의 부탁으로 공항에 나가 그분의 친구를 게스트하우스로 모셔다 드릴 일이 있었다. 공항에서 만난 택시기사는 건들거리는 젊은이였는데 가격을 제시하는 많은 택시기사 중 그가 가장 싼 가격을 불러 그의 택시를 탔다. 이때부터 공포의 질주가 시작되는데….

그는 시동을 걸자마자 발 아래 까만 봉지에서 짜트(마약류 식물)를 꺼내어 씹기 시작했다. 불안했지만 비 내리는 어두운 밤에 내릴 수도 없어 마음을 졸이며 그가 짜트를 '천천히' 씹기만을 바라며 앞좌석을 손으로 꽉 잡았다.

택시를 탈 때만 해도 한두 방울 정도였던 빗줄기는 점점 굵어지더니 이내 폭우로 변했다. 그런데 와이퍼가 고장 났는지 이 택시기사는 앞유리가 빗물로 뒤덮였는데도 아랑곳하지 않고 운전을 계속한다. 저래서 앞이 보이기나 하나? 게다가 헤드라이트는 무슨 미등처럼 왜 이렇게 약한지 반대편에서 차들이 올 때마다 가슴이 철렁 내려앉는다. 어쩌다 이런 택시를 타서. 제발 살아서만 도착하기를….

내가 탔던 공포택시. 그 와중에 사진까지 찍어 놓은걸 보면 참

그러다 어느 순간 코너에서 차가 휙 도는데 갑자기 오른쪽 뒷문이 덜컥 열렸다!

"으어아악!!!"

우리 셋은 비명을 지르며 온갖 호들갑을 다 떨고 난 후에야 겨우 문을 닫을 수 있었다. 헉헉. 이게 무슨 날벼락이냐. 문이 고장이 났으면 미리 말을 했어야지! 우리의 항의에도 이 망할 택시기사는 으레 있는 일인 것 마냥 뒤도 한번 안 쳐다보고 짜트를 씹으며 룰루랄라 콧노래를 부르고 있다. 이 양반아, 문에 기대어 있었다가는 차 밖으로 튀어나가 도로에서 뒹굴다가 죽을 뻔 했다고!

열리는 문짝의 충격이 조금 가시니 이제는 기사가 우리를 떨게 한다. 약 기운이 올라오는지 노래를 흥얼거리지 않나 자꾸 뒷좌석을 쳐다보며 말을 걸지 않나 미치고 환장할 노릇이었다. 제발 아무 말 하지 말고 앞을 보고 운전에 집중해 달란 말이다. 우리가 무서워하며 사정하는 게 재미있었는지 그는 '110비르 줘. 싫어? 그러면 120비르' 따위의 소리를 지껄이며 우리를 슬슬 약 올리기까지 한다. 이대로 가다간 뭔가 더 큰일이 나겠다 싶어 우리는 목적지 전에 세워달라고 하고 내려버렸다. 물론 밤 10시가 넘은 시각에 아디스아바바 시내를 걷는 것도 위험하지만 제 정신이 아닌 택시기사가 모는 차를 더 이상 탈 수는 없었다.

이 날의 교훈. 조금 돈을 더 내더라도 멀쩡해 보이는 택시를 타자.

바흐다르

에티오피아에 머무는 3주간 아디스아바바에만 머물기에는 너무 아쉬웠다. 그래서 지방 도시들을 여행할 계획을 짜고 지난 주말 버스회사를 찾아가 버스표까지 사두었다. 버스표까지 사놨겠다 이제 짐 싸서 떠나기만 하면 되는 상황이었지만 하나 찜찜한 구석이 있었으니 그건 바로 버스 출발시각이었다. 아무래도 장거리 버스이다 보니 출발시각이

아침 일찍이었는데 일러도 너무 이른 게 문제였다. 아침 5시 30분 출발. 버스를 타려면 집에서 나와 택시를 타고 버스정류장까지 가야 했는데 그 시간에 택시가 잡힌다는 보장도 없거니와 설령 택시가 다닌다고 해도 캄캄한 새벽에 아무 택시나 잡아 탈 수도 없는 노릇이었다. 그래서 출발하기 전날 한 택시기사에게 새벽에 집 앞으로 와달라고 하고 휴대폰 번호를 교환했다. 버스정류장의 위치를 확인시켜 주고 가격까지 얘기가 됐으니 이제야말로 가볍게 떠나기만 하면 됐다. '설마 택시기사가 펑크 내겠어? 돈도 넉넉히 준다고 했는데'라는 생각이 마음 한구석 요만큼 자리 잡긴 했지만 말이다.

출발일 이른 새벽. 택시기사는 제대로 오고 있을까? 살짝 불안한 마음으로 전화를 걸었다. 그런데 이 사람 아직 잠이 덜 깬 목소리다. 뭐? 오늘이 아니라 내일 아니었냐고? 순간 확 열이 받아 큰 소리를 냈더니 미안하다며 전화를 끊는 이 남자. 다시 전화하니 전화기는 꺼져 있다. 허허허. 그런 거지 뭐.

일단 나가서 돌아다니는 택시를 잡으려 집을 나서려는 그 순간, 탕탕탕탕. 지붕을 때리는 빗소리였다. 세차게 울리는 양철지붕 소리를 들으니 멘 가방을 다시 내려놓을 수밖에 없었다. 우기가 끝날 무렵이긴 했지만 아직은 이렇게 한번 비가 내리기 시작하면 살벌하게 쏟아지는 그런 시기였다. 고민이 됐다. 새벽 4시 쏟아지는 빗속을 걸어가 택시를 잡을 것이냐 아니면 버스표를 날릴 것이냐. 멍한 상태로 4시 반까지 비가 잦아들길 기다

결국 날린 버스표 두 장

바흐다르까지 타고 온 비행기

리다 내린 결론은 포기였다. 이 시간에 빗속을 뚫고 나가봤자 택시가 잡힐 것 같지도 않으니 차라리 오늘 푹 자고 아침에 비행기표를 알아보는 게 낫겠다 싶었다.

다음날 아침 7시 10분 바흐다르행 비행기를 탔다. 다행히 공항까지 가는 택시는 제 시각에 집 앞으로 와줬고 미리 정한 금액만 받고 딴소리를 하지 않았다. 프로펠러가 달린 소형 비행기라 시끄럽고 많이 흔들리기도 했지만 어쨌든 무사히 바흐다르 공항에 내렸다. 바흐다르 공항은 내가 여태껏 가본 모든 공항 중에 가장 볼품없는 공항이었다. 웬만한 아프리카 도시의 버스터미널도 이거보단 크겠네 하며 신기한 듯 두리번거리는데 저 멀리서 승객들의 짐을 싣고 오는 화물차가 보인다. 그런데 짐 하나가 툭 하고 떨어졌다. 파란 레인커버를 씌운 저것은…? 내 가방이네. 드라이버는 차를 멈추고 활주로에 덩그러니 남겨진 내 가방을 아무렇지도 않게 집어 짐칸으로 휙 던지더니 다시 운전대를 잡는다. 그리고 내 가방은 겨우 구색을 맞추기 위해 만든 것처럼 보이는 컨베이어 벨트를 통과하여 내 품에 안겼다.

바흐다르는 아디스아바바와는 전혀 다른 인상을 주는 도시이다. 명물인 블루타일 폭포에 가보기도 전 거리의 야자수와 파란 하늘만 보고도 이곳이 에티오피아에서 손꼽히는 관광지임을 알 수 있었다. 어디를 갈까 고민도 하기 전에 배가 고파 식당에 들어가 음식을 주문했다. 앉고 얼마 되지 않아 껌 파는 아이, 복권 파는 아이가 식당에 들어와 식

사를 하는 사람들 사이를 왔다 갔다 하기 시작한다. 우리가 식사하는 테이블로도 왔는데 뭘 파나 자세히 들여다보니 가지런히 놓여진 나무막대들이다. 도대체 무엇에 쓰는 물건인고? 물어보니 양치 대신 이에 낀 이물질을 긁어내는데 쓰는 것이라고 한다. 이 세상엔 정말 별게 다 있다. 아이들에게 사진을 찍어도 되냐고 물었다. 아이는 고개를 끄덕였고 옆에서 다른 걸 팔던 아이도 눈치채고 같이 카메라 앞으로 슬그머니 다가온다. 참 잘 웃는다.

블루나일 폭포

내일 블루나일 폭포까지 갈 차편을 구하기 위해 터미널로 갔다. 말이 터미널이지 제대로 갖춰진 건물 형태는 아니고 양철로 된 울타리가 있는 공터였다. 그 안에 판자로 만들어진 매표소가 몇몇 있었고 포장되지 않은 흙바닥 위로 많은 버스와 승합차들이 오갔다. 외국인을 보기 힘든 지방도시에 동양인 남자 둘이 서성거리니 자연스럽게 호객꾼들이 몰려든다. 일당으로 보이는 두 명이 다가오더니 불루나인까지 왕복에 1인당 150비르를 부른다. 나쁘지 않은 가격에다가 우리 말고 독일인 4명이 더 있다는 말을 들으니 안심이 돼 그들의 사무실까지 따라갔다. 이 사람들은 건물 복도에 책상 하나를 가져다 놓고 이걸 '오피스'라고 하나

보다. 책상에 앉아 있는 사람에게 150비르를 지불했다.

"자, 됐어. 너희가 묵는 호텔이 어디 있는지 알았으니 내일 아침 8시까지 갈게."

"그게 다야? 티켓이나 뭐 영수증이라도 줘야지."

구두로만 약속을 하려는 그들에게 티켓을 요구하자 귀찮은 듯이 종이쪼가리 하나를 찍 찢어준다. 너무 형편없이 생겨서 티켓인지 뭔지 알 수가 없다. 그래도 뭐 어쩌겠나. 찜찜한 느낌을 뒤로 하고 사무실을 빠져 나왔다.

다음날 아침. 늦잠을 자는 바람에 허겁지겁 아침을 먹고 호텔 로비에서 어제 약속한 차를 기다렸다. 그러나 10분, 20분, 30분이 지나도 우리를 태우러 와야 할 차는 오지 않는다. 게다가 받아놓은 번호로 전화를 걸었더니 없는 번호란다. 그래. 그렇게 허접한 종이쪼가리를 주고 티켓이라고 할 때부터 알아봤어야 했다. 아니면 전화번호라도 제대로 된 게 맞는지 확인을 해보든가. 후회해도 소용이 없다. 어쨌든 오늘 블루나일 폭포에 가긴 가야 했기에 다시 터미널로 터벅터벅 걸었다. 그런데 어제 그 2인조가 눈앞에서 차에서 내려 우리를 향해 걸어오더니 다짜고짜 막 성질을 부린다. 도대체 뭐가 어떻게 된 걸까.

바흐다르 버스터미널

얘기를 들어보니 우리가 묵었던 호텔과 비슷한 이름의 호텔이 근처에 또 있었고 우리가 어제 이들에게 호텔 이름을 잘못 알려준 것이었다. 그들은 거기에서 우리를 계속 기다리다가 혹시나 하는 생각에 우리가 묵은 호텔에 전화를 걸어 우리의 행방을 쫓다가 마주치게 된 것이다. 그들이 사기꾼들이 아니라 우리가 바보였던 것. 그럼 그렇지. 이렇게 대놓고 사기를 칠리가 없지. 연신 미안하다고 하고 차에 올라타 나머지 잔금 200비르를 지불했다. 아침부터 꼬였던 모든 게 제자리를 찾은 것 같았다. 하지만 진짜는 이때부터였다. 독일인들이 있는 호텔로 가는데 갑자기 한 카페에 우리를 내려주더니 기름을 넣고 오겠다며 20분만 기다리란다. 뭔가 이상한 것을 느꼈지만 얼떨결에 내리게 됐고…. 그 이후로 그들을 다시 만날 순 없었다. 그놈들은 사기꾼이 맞았고 우리는 생각보다 더 바보였다. 차에 올라타고 나서 너무 반갑고도 미안함에 정신을 놓고 돈을 미리 줬는데 그때도 긴장을 풀지 말고 돈을 나중에 준다고 했어야 했다. 아까 우연히 마주치지만

카페에서 사기꾼들을 기다리며. 경계의 눈빛을 하면서도 우리 주변을 맴돌던 아이. 사진을 주니 냉큼 받아 후다닥 뛰어갔다.

않았어도 어제 선금으로 낸 100비르만 날리는 건데 괜히 마주쳐서 200비르나 더 날리게 된 것이다. 큰 금액은 아니었지만 어쨌든 사기를 당하니 기분은 완전 엉망이었고 '생각해 보니 생긴 것도 사기꾼 같이 생긴 놈들이었다, 돈은 도착해서 줬어야 했다, 돈을 줘놓고 차에서 내린 우리가 병신이었다'는 해도 소용없는 말을 뱉어내며 터미널까지 터벅터벅 걸었다.

다시 터미널. 호객꾼들의 관심을 평소보다 더 신경질적으로 다 뿌리치고 로컬 버스에 올라타 자리에서 기다리길 30여 분. 그렇게 버스는 예상시각보다 훨씬 늦게 출발했다. 아프리카 로컬 버스의 특징은 출발시각은 정해져 있으나 사람이 다 차야 출발한다는 것. 결국 출발시간은 아무 의미가 없는 것이다. 버스는 바흐다르 시내를 벗어나 한적한 시골길을 달린다. 길가에 보이는 다 무너져 가는 집들은 정말 여기가 아프리카 최빈국의 시골마을임을 상기시켜 준다.

블루나일 폭포가 있는 마을은 정말 말도 안 될 정도로 시골이었다. 길거리의 나귀들은 짐을 싣고 아이들은 맨발로 물건을 판다. 강풍에는 견디지 못할 것처럼 보이는 양철 집에는 사람들이 살고 있었고, 길을 걷는 어른들은 거적때기를 걸치고 있었다. 아이들은 외국인들이 신기한지 와서 악수를 청하고 '할로'를 외치며 낄낄거린다.

폭포를 보려면 입장권을 사고 트레킹 코스를 걸어야 한다. 매표소에다 돈을 내고 루트에 대한 설명을 들었다(티켓을 사긴 했는데 아무 데서도 검표를 하지는 않았다). 에티오피아에서 유명한 관광지라고 하는데 관광객은 우리 둘뿐 다른 관광객은 눈에 보이지 않는다. 30분 정도 걷고 나니 본격적인 산행이 시작됐다. 뷰포인트까지는 2.5km. 꽤나 가파른 산길을 걸어 '미스터, 미스터!'를 외치며 물건을 팔려는 아이들이 있는 마을을 지나니 폭포소리가 들리기 시작했다. 산행을 막 시작할 때 한두 방울씩 내리던 비는 폭포에 도착할 때쯤엔 꽤나 굵어져 있었다.

블루나일 폭포 가는 길

드디어 내 시야에 블루나일 폭포가 들어왔다. 비가 와서 그런지 무섭게 쏟아내리는 물은 전부 흙탕물이었지만 폭포의 규모는 내 기대보다 훨씬 웅장했다. 날씨 때문일까. 폭포에선 만날 수 있으리라 생각했던 관광객은 단 한 명도 없다. 폭포 앞 나무 아래에서 커피를 파는 모녀만이 우리를 반길 뿐이다. 나뭇잎 사이로 떨어지는 빗물을 우산으로 가리고 쭈그려 앉아 커피를 내리는 엄마. 그리고 옆에서 찻잔을 준비하는 그녀의 든든한 조수인 딸. 이전에도 많은 나라들을 다녀봤지만 한번도 그곳에서 만난 누군가의 삶에 나를 대입시켜 본 적은 없었다. 그런데 지금, 이따금 폭포를 찾는 관광객에게 커피를 파는 저 모녀의 삶과 내가 지내온 삶의 간극이 너무나 확연하

게 느껴진다. 궂은 날씨에 커피를 팔아야 하는 처지에 대한 동정도 아니고, 나는 저러지 않아도 된다는 안도감은 더더욱 아니었다. 온전한 다름. 나는 그들의 삶을 모르고 그들은 내 삶을 모른다는 것. 당연하지만 여태 몰랐던 것. 아니, 머리로는 알았지만 가슴으로는 몰랐던 것을 지금 쏟아지는 흙탕물 앞에서 새삼 깨닫는다. 에티오피아도 다른 아프리카 국가처럼 관광 인프라가 좀 더 잘 갖춰져 저 모녀도 지금처럼 한가하게 있지 않고 바쁘게 커피를 내렸으면 하는, 처음보는 타인의 삶에 주제 넘은 바람 하나를 가져본다.

블루나일 폭포로 가는 길. 길 오른편에 보이는 집 앞에서 아이들이 놀고 있다. 카메라를 드니 쑥스러워하면서도 순식간에 모여든 아이들

곤다르를 지나 다시 아디스아바바로

다른 자리보단 좀 낫지 않을까 싶어 승합차의 맨 뒷자리를 얼른 차지했다. 처음엔 편했는데 앞 사람이 의자를 뒤로 젖힌 이후로는 무릎이 앞좌석에 딱 붙은 채로 꼼짝없이 있어야 했다. 불편함을 잊기 위해 억지로 잠을 청해가며 3시간을 참아 곤다르에 도착했다.

차에서 내리자마자 열 명도 넘는 호객꾼들이 무서울 정도로 달려든다. 호텔이 필요하냐, 좋은 식당을 소개시켜 주겠다, 택시를 타라 등등. 정신을 못 차리는 와중에 한 남자가 승합차 위에 실렸던 우리 짐을 내리더니 대뜸 수고비를 달라고 한다. 최소한의 예의라도 지켜줬으면 줄 수도 있었을 텐데 내 어깨를 밀치며 반협박을 하니 줄래야 줄 수가 없다. Tourism Center에 들어가서야 겨우 떼놓을 수 있었다.

곤다르는 바흐다르보다는 전혀 다른 모습이었다. 대표 유적지인 '파실 게비 궁전'이 주는 옛 도시의 정취뿐 아니라 사람들의 차림새와 거리에서 느껴지는 분위기도 휴양지와는 거리가 멀었다. 그런데 곤다르에 오고 나서부터 붙은 감기기운은 좀처럼 떨어질 줄을 몰랐다. 말라리아 초기 증상이 감기랑 비슷하다는 것을 알고 있었기 때문에 나는 불안해할 수밖에 없었다. 한국에서 일주일에 한번 먹는 말라리아 약을 가져오긴 했는데 부작용이 심하다는 말을 하도 많이 들은 데다가 에티오피아에서 만난 한국 사람들 중 아무도 약을 복용하는 사람이 없어서 나도 처음부터 먹지 않았던 터였다. 온몸에 모기 물린 자국이 있는지 찾아보기도 하며 불안에 떨다가 종합 감기약을 먹고 잠이 들었다.

결과적으로 곤다르에서는 감기 때문에 줄곧 호텔에만 머물러서 제대

▲ 파실 게비 궁전에서 만난 졸업생. 이곳에서 졸업 기념 촬영을 하고 있었다.
▼ 거리의 재봉사

로 본 게 거의 없었다. 방에서 콧물이나 닦다가 이틀을 그냥 보내버렸다. 다행인 건 이 날 이후로 여행하는 6개월 내내 감기 한번 걸리지 않았다는 것이다.

아디스아바바로 돌아가는 날. 곤다르 공항은 바흐다르 공항보단 그나마 뭔가 갖춰져 있었다. 심지어 기념품 가게도 있었다(우와). 예정 시각보다 훨씬 일찍 보딩을 시작하더니 사람이 대충 다 탄 것 같으니 비행기 문을 닫는다. 승객이 다 탔는지 제대로 확인은 한 걸까. 아무튼 비행기는 한 시간이나 일찍 이륙했다.

다시 돌아온 아디스아바바. 여전히 여행 중임에도 집에 돌아온 느낌이다. 이래서 여행할 때도 베이스캠프가 있어야 몸도 마음도 편하다는 거구나.

"니하오", "칭챙총"

저런 소리가 들리는 걸 보니 아디스아바바에 온 게 실감이 난다. 바흐다르와 곤다르에서도 그랬지만 특히 아디스아바바의 길거리를 걷다 보면 최소 5분에 한 번꼴은 저런 소리를 듣게 된다. 저건 기본이고 다짜고짜 내 면전에 대고 '후진타오'를 외치는 사람(뭐 어쩌라는 건지. 차라리 우리나라 대통령 이름을 말했다면 덜 어이 없었을 거다), 두 손을 모으고 고개를 숙이며 옛 중국 무사 흉내를 내는 사람까지. 관심을 받고 싶은 건지 관심을 주고 싶은 건지 그들의 의중은 알 수 없지만 아무튼 기분은 썩 좋지 않다. 현지에 오래 계신 분들의 말을 들어보니 에티오피아에 중국인 노동자들이 엄청 많이 들어와서 에티오피아인들은 그들이 자신들의 일자리를 빼앗아 간다고 생각한단다. 그래서 한국인과 중국인을 구별할 리 없는 이들은 동양인만 보면 다짜고짜 조롱을 하는 것이라고. 매번 기분 나빠할 수 없기에 나는 생각을 좀 바꿔보기로 했다. '차이나'라고 하면 '코리아'라고 받아치거나 그것도 귀찮으면 아예 중국인 흉내를 내버리는 것이다. 여기서 한국이란 나라는 혈맹국가라는 혹은 선진국이라는 인식이 있어서 사람들은 내가 '코리아'라고 하면 '오호' 이러면서 고개를 끄덕이거나 엄지손가락을 치켜올리곤 한다. 그런데 한 번은 내가 '코리아' 하니까 콧방귀를 뀌며 '차이나, 재팬, 코리아 Same'이러는 녀석이 있어서 홧김에 나도 '우간다, 소말리아, 에티오피아 Same'이라고 쏘아붙인 적도 있다. 중국 무사 혹은 무술인 흉내를 내는 사람들 앞에서 내가 똑같이 이소룡 흉내를 낼 때면 사람들은 더 좋아한다. 민망해서 그만할 줄 알았는데 미칠 노릇이군. 코를 훔치고 몇 번 발차기를 주고받다가 창피해서 얼른 자리를 피한 적도 있다. 아무튼 아디스아바바에서 조용히 길을 걷기란 쉽지 않다.

나미비아 비자, 드디어

아디스아바바에 도착한 지 이틀 째 되는 날, 형 사무실에서 같이 있다가 점심시간에 나미비아 대사관으로 가기 위해 길을 나섰다. 남아공까지 내려가는 여행계획에 포함되어 있는 나라 중에 사전비자를 요구하는 나라는 나미비아가 유일했다. 한국에는 나미비아 대사관이 없어 보통 여행자들은 잠비아의 수도 루사카나 남아공의 케이프타운에서 비자를 받는데 내 경우 에티오피아에 있는 시간이 긴 만큼 웬만하면 아디스아바바에서 나미비아 비자를 해결하고 싶었다. 아디스아바바에서 가장 흔하고 싼 교통수단은 바로 미니버스. 일명 딱시(택시). 우리가 생각하는 택시는 가격을 미리 흥정(contract)하고 간다고 해서 여기선 꼰트라딱시라 부른다. 딱시를 두 번이나 타고 한참을 걸어가서야 대사관 밀집지역에 들어갈 수 있었다. 길을 묻고 물어 나미비아 대사관으로 보이는 곳의 문을 두드렸다. 웬 할아버지가 나오시더니 우리를 위아래로 훑어보신다. 나미비아 대사관이 맞냐는 물음에 할아버지는 최근에 대사관이 위치를 옮겼다는 말만 하시고는 다시 문을 걸어 잠그셨다. 하긴 또 일이 이렇게 쉽게 풀리면 그게 또 이상하지.

나미비아 대사관 근처에 있는 중국집. 콜라 중독에 걸린 원숭이와 500살 정도 돼 보이는 거북이를 키우는 이상한 식당이었다.

시간이 없어 다급한 마음에 마침 지나가는 꼰트라딱시를 불러 세워서 나미비아 대사관의 위치를 아냐고 물었다. 걱정 말고 얼른 타라던 택시기사는 주위를 빙빙 돌기만 할 뿐 제대로 찾아가지 못했고 그러는 사이에 점심시간은 끝나버렸다. 기껏 짬을 내서 나왔는데 시간도 허비하고 헛돈을 쓴 꼴이다. 가뜩이나 짜증나는데 기사는 적반하장으로 기름을 더 많이 썼으니 약속한 50비르가 아니라 70비르를 달라며 도리어 성질을 낸다. 형과 택시기사의 실랑이 끝에 결국 50비르만 던져주고 내렸다. 마지막엔 진짜 무슨 일을 벌일 것처럼 분위기가 살벌해졌는데 이런 일을 많이 겪어본 형이 이긴 거다.

그 다음날 겨우 찾아가 신청에 성공한 비자를 바흐다르와 곤다르를 다녀온 후 열흘 만에 찾으러 가는 날이 됐다. 오전 내내 나미비아 대사관에 전화를 걸어봤는데도 받지 않아 내심 불안했는데 대사관에 도착하자마자 손쉽게 비자를 받을 수 있었다. 큰 건 하나 해냈다! 얼마나 기분이 좋고 뿌듯하던지 여권을 몇 번이고 펼쳐보았다. 비자 하나에 이렇게 좋아하게 될 줄 누가 알았을까. 이제 아프리카 여행이 끝날 때까지 비자 걱정 할 일은 없다.

다시 차를 타고 사무실로 돌아가는데 거의 다와갈 무렵 옆에 가던 차들이 경적을 울리며 손으로 우리 차 바퀴를 가리킨다. 처음엔 '왜 저래' 하고 무시했는데 그런 차들이 많아지자 바퀴에 뭔가 문제가 생겼음을 알아채고 사무실에 도착하자마자 바퀴를 확인했다. 아니나 다를까 왼쪽 뒷바퀴가 펑크가 나서 푹 내려앉아 있었다. 차

가 안 굴러갈 정도로 완전 주저앉은 것도 아닌데 이걸 발견하고 신호를 주다니. 에티오피아 사람들은 오지랖이 넓은 건지 아니면 관찰력이 좋은 건지 아무튼 덕분에 발견해서 다행이다. 대사관까지 데려다 주시고 또 점심까지 사주셨는데 이런 일까지 생겨서 사무장님께 면목이 없었다. 그깟 비자 한 번 받는 것치고는 대가가 너무 크다. 국경에서 비자로 딴지 걸기만 해봐라!

아디스아바바의 하루

'오늘은 기필코 인터넷을 하고 말겠어.'

여행을 준비하면서 다른 건 다 털려도 사진만은 안전하게 백업을 해놓고 다니자고 결심을 했다. 그러기 위해선 부지런을 떨어 백업을 습관으로 만들어야 했는데, 에티오피아에서는 사진 업로드는 커녕 인터넷 접속조차 쉽지 않았다. 비장한 각오로 아디스아바바 시내에서 단연 눈에 띄는 고층 빌딩인 '아담스 파빌리온'에 있는 인터넷 카페에 갔다. 어제 와이파이가 무제한이라는 소문을 듣고 간 한 호텔 카페에서 허탕을 쳐 더욱 절박해져 있는 상태였다. 어제랑은 다른 종업원이 손님들을 맞는다.

"나 내 노트북으로 여기서 인터넷만 쓰러 왔는데."

"그건 안돼."

밑도 끝도 없이 안 된다는 말에 나도 발끈했다.

"무슨 소리야. 어제 와서 내가 물어보니까 저~기 저 자리에 앉아서 랜선만 꼽아 쓰면 된다고 했었거든?"

내가 본 아디스아바바의 건물 중 가장 현대식이었던 '아담스 파빌리온'. 인터넷 카페, 그냥 카페, 여행사, 옷가게 등 다양한 상점이 입점해 있다. 입구를 지키는 경비 아저씨는 몇 번 다니니 이젠 내 얼굴을 아는지 그냥 들여보내 준다.

내 말을 알아들었는지 그제야 양보하는 척 어깨를 으쓱한다.

"그럼 그렇게 하든가."

영어도 아닌 암하릭도 아닌 온갖 몸동작과 표정 그리고 약간의 한국어로 이루어진 실랑이는 그렇게 마무리가 됐다. 이런 무책임한 사람이 어떻게 일자리를 구했는지 심히 못마땅하지만 나는 아무 힘이 없는 방랑객일 뿐이기에 얌전히 지정된 자리에 앉아 랜선을 노트북에 꼽았다.

된다. 인터넷이 된다. 되는데…. 음…. 너무 느리다. 업로드용 웹페이지에 로그인하는 데만 1분 이상이 걸린 것 같다. 이런 환경에서 사진을 업로드하기란 불가능함을 깨닫고 10분 만에 자리에서 일어났다. 포기는 빠를수록 좋다.

아디스아바바의 평일. 같은 차종, 같은 색깔의 택시들이 줄지어 손님을 기다리고 있는데 어찌 된 일인지 운전기사들은 보이지 않는다. 어쩌면 반대편에서 신발을 닦고 있는 아저씨들인지도 모르겠다.

아무런 소득 없이 형의 사무실로 돌아와 평소처럼 어영부영 시간을 보냈다. 형이 사무실에서 업무를 보는 동안 내가 하는 일은 장기휴가를 간 직원의 책상에 앉아 노트북에 잔뜩 담아온 드라마를 각개격파하는 것. 벌써 하나를 다 끝내고 두 번째 드라마로 접어들었다. 총 다섯 편을 담아왔는데 벌써 두 번째라니 이러다 나중엔 볼 게 없어 재탕을 하게 될까 걱정도 되지만 인터넷이 되지 않는 곳에서 내가 할 수 있는 건 많지 않다. 드라마를 보다가 옛날 사진들도 들춰보고 썼던 일기들도 다시 보고. 그러다 소나기가 쏟아지면 양철지붕을 두드리는 소리를 듣기도 하고.

저녁은 초대를 받아 진무 형네 집주인 아주머니 댁에 가기로 되어 있었다. 사실 에티오피아 전통식인 인제라가 입맛에 딱히 맞진 않는데다 아무거나 잘 먹는 형 친구도 아주머니 댁에 초대받아 가서는 음식을 다 남겼다고 해서 처음엔 좀 주저했다. 그래도 약속을 했으니 가야지.

주인 아주머니 내외분들은 아주 따뜻하게 우리를 맞아주셨고 가장 편안한 자리에 우릴 앉게 하셨다. 인상만 봐도 정말 푸근하고 좋은 분들이다. 두 분은 우리가 간 다음에 드시려고 하시는지 본인들 음식은 준비하지 않으셨다. 접시에 인제라를 올리고 아주머니가 반찬들을 막 하염없이 쏟아 부으시는데 '제발요. 저 어차피 다 못 먹을 거예요'라고 외치고 싶었지만 입에선 연신 '땡큐, 땡큐'가 튀어나왔다.

아주머니가 해주신 인제라는 생각보다 훨씬 맛있었다. 식당에서 먹은 인제라는 시어서 많이 못 먹었는데 아주머니가 주시는 인제라는 싸 먹는 반찬도 입맛에 맞아 꽤 많이 먹었다. 먹는 동안 아저씨와 많은 이야기를 나누었다. 다행히 아저씨는 영어를 잘하셔서 암하릭을 모르는 내가 대화에 끼지 못하고 인제라만 꾸역꾸역 먹을 필요는 없었다. 차까지 얻어 마시고 기념사진 한 장 찍자고 말씀드리니 아주머니는 갑자기 일어나셔서 방에서 가발까지 꺼내쓰고 나오셨다. 나온 사진을 본 두 분은 쑥스러워하며 웃으셨다. 형이 이런 따뜻한 분들과 함께 지낸다니 참 다행이라는 생각이 들었다.

아이들과의 두 번째 만남

며칠 후 지난번과 같은 행사장에서 다른 행사가 있어 형을 따라갔다. 지난번과 마찬가지로 강당에서 아이들의 공연이 열렸고 나는 슬그머니 행사장을 빠져나왔다. 행사장에 들어오지 못하고 밖에서 서성이며 문틈으로 들여다보는 동네 꼬마들이 아까부터 눈에 밟혔기 때문이다. 삐걱거리는 철문을 열고 나가 계단에 쭈그려 앉으니 순식간에 아이들이 전부 내 주위로 둘러 모였다. 날 보고 지들끼리 뭐라고 떠들다가 킥킥거리기도 하고 나를 뚫어져라 쳐다보기도 한다. 내가 그렇게 신기하게 생겼냐. 나도 똑같이 아이들을 빤히 봤다. 눈이 참 크다. 저렇게 큰 눈을 가지고 있으면 거짓말을 해도 다 들통날 것만 같다.

아이들이 너무 많이 몰려들어 일이 너무 커지는 건 아닐까 걱정도 되긴 했지만 이렇게 길거리에서 만난 아이들에게 사진을 찍어주기 위해 내가 저 많은 필름들을 가져온 것이 아니었나. '차이나, 차이나' 하고 제일 신나게 나를 놀리며 까불거리던 녀석을 지목해서 앞에 딱 세웠다. 그리고 '사끼~(웃어)'라고 하며 한 방 찰칵. 내가 주섬주섬 인화기를 꺼내서 연결하자 아이들은 잔뜩 궁금한 표정으로 조용히 내가 뭘 하나 고개를 기웃거린다. 사진이 나오고 그 아이에게 사진을 주니 아이들은 감이 온 듯 쪼르르 내 앞에 줄을 선다. 조금 나이가 있는 아이들이 자기보다 어린아이들을 힘으로 밀치고 앞에 서길래 나는 일부러 뒤로 쫓겨난 어린아이들에게 먼저 눈짓을 보내어 앞으로 불렀다.

아이들에 둘러싸여 사진을 출력하는 일은 정말 정신이 없다. 보통 한 장을 출력하는 데 1분 정도 걸리는데 그 시간에 나는 아이들을 찬찬히 둘러보았다. 참 예쁘게도 생겼다. 눈곱에 콧물 범벅이고 옷은 지저분하게 이를 데 없지만 그 순간만큼은 그런 것이 교감에 방해가 되지 않았다. 볼도 만지고 이마도 만지고 손도 잡아보고 배도 콕콕 찔러대면서 장난도 쳤다. 그 정신 없는 순간이 참 감사했다.

사진이 나오는 동안 아이들은 나를 툭툭 치면서 '이 다음엔 나 찍어줘'라는 눈빛을 보낸다. 그 모습이 귀엽기도 했지만 나는 먼저 기다리고 있던 아이들을 먼저 찍어주었다. 처음에 모여 있던 아이들은 다 사진을 받아가고 새로 온 아이들만 남았을 때쯤 인화기 배터리가 다 됐다. 어쩔 수 없이 자기 차례를 기다리던 아이들에게는 미안하다고 하

고 자리를 떴다. 아이들은 사진을 흔들며 내게 인사를 한다.

'차오~'

사진을 받은 아이들 중에는 받자마자 잃어버리는 아이들도 있을 것이고 집에 가서 엄마한테 자랑하고 고이 보관하는 아이들도 있을 것이

엄마와 딸

다. 나는 단지 아이들에게 크게 관심을 두지 않는 (혹은 그러기엔 너무 생계가 빠듯한) 이 나라 어른들 대신 사진에서만이라도 아이들을 주인공으로 만들어 주고 싶었다. 나중에 아이들이 자신들의 어린 시절을 돌아봤을 때 '차이나'에서 온 여행자가 자신들의 사진을 찍어서 준 일이 좋은 추억으로 남길 바랄 뿐이다.

에티오피아를 떠나며

벌써 일주일이 다 가고 에티오피아에서의 마지막 주말이 됐다. 아침 일찍 나와 택시를 타고 피아사 거리로 갔다. 피아사는 아디스아바바의 중심거리. 금은방이 많으니 우리나라로 치면 종로 정도 될까. 역시 토요일이라 정신 없을 정도로 도로에 차들도 많고 거리는 사람들로 북적인다.

에티오피아를 뜨기 전에 어떻게든 아프리카 스타일로 머리를 바꿔보려 여기저기 미용실을 들러봤지만 다들 내 머리카락을 보면 고개를 젓는다. 머리가 너무 부드러워서 땋는 머리는 안 된다는 거다. 살다살다 머리카락이 부드럽단 말은 처음 들어본다. '한국 미용실이라면 머리가 짧아도 어떻게든 해줄 텐데' 하고 매번 발걸음을 돌렸다. 에티오피아에서는 안 되겠다.

피아사 거리의 영화 포스터

이렇게 사람이 많으면 아무래도 가방도 앞으로 메게 되고 카메라도 잘 꺼내지 않게 된다. 그렇게 조심스럽게 길을 걸으며 기념품이 될 만한 것도 사고 이전부터 사고 싶었던 밥 말리 티셔츠도 하나 샀다. 소소한 볼일들을 마치고 집에 돌아오는 길에 첫날 갔던 미국인이 운영한다는 레스토랑에 갔다. 곧이어 들어오시는 백인 할머니 두 분. 아까 기념품 가게에서 지나쳤던 분들이다. 그분들도 우릴 알아보고 옆자리에 앉으셨다. 캐나다 몬트리올과 토론토에서 왔다는 이 할머니들은 에티오피아 출신의 아들 친구의 초대로 이곳을 방문했다고 하셨다. 할머니들 옆에는 원어민 수준의 영어를 구사하는 에티오피아 여성이 함께 있었는데 깜짝 놀랐던 건 이 사람은 단 한번도 해외에 나가본 적이 없다는 것이었다.

용기를 내서 한 가지 물어보았다. 왜 에티오피아인들은 중국인을 싫어하는지. 그녀 왈 그렇지 않단다. 에티오피아에 중국인들이 들어오기 시작하지는 이제 겨우 10년 정도 되었는데, 외국인을 거의 보지 못했던 에티오피아 사람들에게 이건 굉장한 'Big Deal'이었다는 것이다. 그래서 '나는 너희 중국인을 알아'라는 뜻으로 '차이나'라고 말하는 거고 한국, 중국, 일본인을 구분할 리가 없으므로 그냥 아시아인만 보면 그렇게 한다는 것. 하지만 내가 그런 소릴 들을 때마다 기분이 별로 좋지 않다고 하니 그건 우리들이 어려 보이니까 친근함의 표시로 가볍게 놀리는 거라고. 뭔가 원하는 대답은 아니었지만 현지인이 그렇다니 딱히 반박하기도 그렇고 괜히 어설픈 영어로 더 파고드는 질문을 할 용기도 없다.

맥주를 사들고 집으로 돌아왔다. 샤워해야지, 형 컴퓨터에 사진 백업도 시켜놔야지, 짐 싸야지 할 일이 많았지만 느긋하게 맥주를 먹다가 일을 시작했다. 런던에서 도착한 이후로 짐을 사방에 펼쳐 놨더니 정말 뭐부터 해야 할지 모르겠다. 내일 입을 옷을 제외한 나머지 옷들을 싸놓고 카메라 방수커버, 필름 등 자주 꺼내지 않는 것들부터 배낭 아래에 구겨넣기 시작했다. 배낭이 더 컸으면 좋았겠지만 처음보다는 짐 부피가 조금 줄어든 것 같다. 고작 3주였지만 그새 정들어 버린 이 집의 모습을 잊지 않기 위해 거실, 부엌, 화장실의 모습을 전부 카메라에 담았다. 내가 가고 나면 이 집은 얼마나 더 썰렁해질까. 괜히 놀러와서 민폐만 끼치다가 또 훌쩍 떠나버려 남은 사람만 더 적적하게 만든 건 아닐까. 형에게 미안해졌다.

나이로비로 떠나는 날 아침이 되었다. 나름 정든 집이라고 두어번 뒤돌아보며 작별을 했다. 사무장님의 차를 얻어 타고 생각보다 이른 시간에 공항에 도착했다. 입구의 검색대를 통과하여 진무 형과 함께 터미널에 들어왔다. 예상과는 달리 체크인 줄이 길게 늘어져 있다. 줄을 서서 기다린 지 5분쯤 됐을까. 우리 앞에 선 젊은 청년이 잠깐 화장실을 다녀올 테니 자기 짐을 좀 봐달라고 부탁을 했다. 흔쾌히 그러라고 하긴 했는데 금방 오겠다던 이 청년, 20분이 지나도 오지 않았다. 어쩔 수 없이 우리는 투덜거리며 그 커다란 캐리어를 계속 끌고 다녀야 했다. 이래서 사람은 단호하게 거절도 할 줄 알아야 하나보다. 하도 안 오니까 이 안에 무슨 폭탄이라도 들었나, 별 생각이 다 들기 시작했다. 공항 직원에게 이 짐을 넘기려는 그 찰나, 저쪽에서 그 청년이 헐레벌떡 뛰어온다. 억지 웃음을 지으며 짐을 건네고 우리 앞이 아닌 뒤에 줄을 서게 했다. 이렇게라도 소심한 복수를 해야 나중에 후회하지 않을 것 같았다.

마지막으로 에티오피아에 머무는 내내 즐겨 마셨던 마끼아또를 한 잔 마시고 형과 작별했다. 나로 하여금 에티오피아에 오게 했고 숙식을 책임졌을 뿐 아니라 나이로비 숙소까지 해결해 준 형. 고맙고 미안했다.

여유 있게 게이트 앞에 도착했는데 보딩시간이 가까워 올 무렵 탑승이 30분 지연됐다는 안내방송이 나온다.

'그래 뭐, 30분 정도야 너그럽게 기다려 줄 수 있지.'

그렇게 30분이 또 흐르니 다시 나오는 안내방송. 뭐? 오후 1시 반에 보딩을 시작한다고? 기다리던 승객들이 술렁인다. 이유도 모른 채 3시간을 더 기다려야 하니 짜증이 나는 게 당연하다. 게다가 뭣 좀 물어보려고 직원에게 갔더니 내 말을 듣기도 전에 딱 잘라 자기는 이 비행이랑 상관없다며 홱 가버린다. 뭐 이런 경우가 다 있냐.

사람들이 하나둘 일어나 어디론가 가기에 영문도 모르고 나도 따라나섰다. 알고 보니 라운지에서 점심을 제공한다는 것. 그래, 딱 점심시간인데 밥은 줘야지. 아까 잠깐 얘기를 나눴던 벨기에 여자랑 같이 자리를 잡고 앉았다. 어쩌다가 이 친구와 개고기에 대한 얘기를 하게 됐는데, 같은 테이블에 앉은 할머니들이 관심이 가는지 이것저것 물어본다. 다른 의도 없이 정말로 궁금한 것 같아 친절히 설명을 해드렸다.

우선 애완견과 식용개는 다릅니다. 다른 가축처럼 집에서 키우다가 바로 요리를 하는 것은 아니란 말씀이지요. 고로 어제까지 당신과 함께 뛰놀던 요크셔테리어가 털이 뽑힌 채 식탁에 올라가는 당신들의 상상은 오해입니다. 그 다음은 맛입니다. 저도 두어 번 먹어봤는데 맛은 소고기와 비슷해요. 한국인이 입맛이 특이해서 개고기를 먹는 건 아니랍니다. 또한 한국에도 개고기를 못 먹는 사람이 많이 있고 개고기에 반대하는 운동을 하는 사람도 있어요. 한국 사람은 치킨을 더 좋아한답니다. 개고기 집보다 치킨 집이 100배는 많아요.

그래도 그들은 여전히 고개를 젓는다. 상상이 안 가는 모양이다.

시간이 되어 다시 게이트 앞으로 돌아왔지만 여전히 보딩콜은 들리지 않았다. 탑승이 1시 반에서 2시 반, 2시 반에서 3시 반으로 계속 지연됐다는 안내만 이어졌고 이유는 기체결함이라는 설명뿐이었다. 승객들은 언성을 높이기도 했고 아예 포기하고 드러누워 자는 사람도 하나

둘 생겨났다. 형의 소개로 신세를 지기로 했던 분께 연락을 드려 저녁 식사를 함께 하긴 글렀으니 바로 집으로 가겠다고 말씀드렸다. 4시 반이 되어서야 창밖으로 우리가 탈 비행기가 슬금슬금 다가오는 게 보였고, 게이트 앞에 멈춘 지 1시간 반 후인 저녁 6시가 되어서야 게이트가 열렸다. 대기한지 8시간 만에 탑승. 그래도 결국 가긴 가는구나.

늘 비행기를 탈 때마다 옆자리에 또래 여성이 앉길 바라지만 결코 그런 일은 내게 발생하지 않는다. 이번에는 케냐 사람으로 보이는 수녀님이다. 알아듣기 힘든 영어를 구사하시는 그녀는 내가 대화를 포기하고 노트북을 켜니 비행기가 곧 착륙하니 전원을 끄라는 주의를 주셨다. 수녀님. 착륙하려면 아직 멀었어요….

장시간의 대기 끝에 어렵게 케냐에 도착해서인지 아니면 원래 매번 그러는지는 모르겠지만 기체 앞바퀴가 활주로에 닿아 착륙이 완성되는 순간, 사람들이 박수를 치고 환호성을 지른다. 몸도 피곤하고 혼자서 택시를 타고 숙소까지 갈 생각에 짜증이 난 상태였지만 이들의 세레모니(?) 덕분에 기분이 약간은 풀어진 것 같다. 그렇게 난 다시 케냐 땅을 밟았다.

케냐

AFRICA

케냐

나이로비 입성기

3주 전 고작 하룻밤을 보낸 공항치고는 포근하다. 경험치가 쌓인 만큼 요령도 생겼다. 내리자마자 속보로 걸어 비자 신청서를 후딱 작성하고 입국심사대 앞에 줄을 섰다. 사람들은 그제야 비자 신청서를 작성하고 있었다. 의기양양한 표정으로 기다리다가 내 차례가 되었을 때쯤, 이런! 신청서 뒷면을 빼먹었다. 다시 줄 밖으로 나와서 뒷면을 채우고 나니 아까보다 줄이 훨씬 길어져 있다.

지난번과 같은 입국심사관이 이번에도 마찬가지로 내 여권을 보더니 '오~ 꼬레아~'라고 눈썹을 씰룩거리며 도장을 쾅 찍어준다. 그리고는 길게 늘어진 줄 따윈 안중에도 없다는 듯 흥얼거리며 여권을 건넨다. 차갑고 딱딱한, 어쩔 땐 위압적이기까지 해서 준비한 대

답조차 어버버거리게 만드는 미국이나 영국의 입국심사 분위기를 생각하면 이래도 되나 싶기까지 하다.

캐리어 대신 배낭을 메고 하는 여행의 장점 중 하나는 짐이 빨리 나온다는 것이다. 이번에도 컨베이어 벨트에 도착하자마자 내 배낭이 눈에 바로 들어왔다. 아까 내 앞에 줄을 섰던 사람들 사이로 이번엔 정말 의기양양하게 배낭을 들쳐 메고 밖으로 나왔다. 바로 들른 곳은 케냐의 대표 이동통신사 사파리콤. 아디스아바바에 도착한 첫날처럼 이번에도 가장 먼저 해야 할 일이 유심칩을 사는 일이다. 통화 얼마, 데이터 얼마 해서 1,000실링을 냈다. 그러면서 내 폰에 유심칩을 끼워주고 있는 직원에게 슬쩍 물어봤다.

"여기로 가려는데 택시비가 어느 정도 나올까?"

직원은 별 관심 없다는 듯 옆에 서 있던 키가 큰 남자에게 대신 대답하라는 눈짓을 보낸다. 그가 대신 대답했다.

"2,000실링."

"음. 그러면 네가 좀 믿을 만한 택시기사 한 명 소개시켜 줄 수 있을까?"

"나 택시기사야. 내 택시를 타고 가자."

뭐야, 결국 택시기사에게 택시비를 물어본 꼴이 됐잖아? 그래도 이 남자가 밖에 있는 껄렁한 택시기사들보다는 믿음직해 보인다. 이제 승부수를 띄워야 할 순간.

"좋아. 네 차를 탈게. 대신 1,500실링으로 하자."

"안돼. 1,900실링."

그렇게 몇 번의 협상 끝에 1,700실링으로 가격을 정하고 그의 택시에 올랐다.

'와, 에티오피아에서 타던 문짝이 열리는 택시들과는 급이 다르잖아.'

그의 택시는 크고 깨끗한 6인승 미니벤이었다. 마치 방금 광택세차를 한 것처럼 번쩍이는 외관에 스틱이 아닌 오토매틱을 갖춘. 내가 감탄하고 있는 사이에 차는 빠르게 공항을 빠져나왔다.

'여기가 내가 생각했던 아프리카가 맞나?'

나이로비는 아디스아바바와는 비교도 안 될 정도로 발전된 도시였다. 국내 대기업을 포함한 글로벌 회사의 대형 간판이 수시로 눈에 띄었다. 도로는 잘 닦여 있었고 차들은 차선을 준수하여 달리고 있었으며 (심지어) 신호등도 있었다! 바로 옆 나라 에티오피아와 달라도 이렇게 다르다니. 과장을 좀 보태면 출발 후 첫 5분은 정말 미국 같았다.

하지만 아무리 고급택시라도 낯선이와 단 둘이 차에 있으니 긴장이 됐다. 대로변을 벗어나 도시의 불빛이 사라질 때쯤엔 괜히 친한 척 말을 많이 걸기도 했다. 행여나 내 짐을 뺏고 나를 차에서 내동댕이치려던 그가 마음을 바꿀 수 있게. 그가 갓 태어난 딸의 사진을 보여줬을 때 비로서 간장감이 녹으며 좌석에 등을 기댈 수 있었다.

진무 형이 소개시켜 준 NGO 직원분들이 늦은 시각에도 나를 반갑게 맞아주셨다. 이곳은 마당이 있는 2층짜리 주

내가 신세를 졌던 NGO 사무실 및 게스트룸

택인데 1층은 NGO 사무실이고 2층은 게스트룸이다. 나는 여기서 3박을 하며 신세를 지게 됐다. 두 분은 내가 저녁을 못 먹었을까 봐 반찬을 꺼내 놓으셨고 행여나 묵은 빨래가 있을까 봐 탈수기 사용법을 알려주셨다. 초면에 황송한 대접을 넙죽넙죽 받아가며 2층까지 올라왔다. 게스트룸은 침대 두 개가 딸랑 있는 텅 빈 방이었는데 빨랫줄도 있고 무엇보다 널찍해서 아주 좋았다. 피곤했지만 양말과 속옷을 대충 빨아 빨랫줄에 걸었다. 그리고는 씻지도 않고 침대에 털썩 드러누웠다. 긴장이 풀림과 동시에 큰 한숨과 함께 하루의 피로가 몰려온다. 그렇게 눈을 감고 몇 분이나 지났을까. 이불의 보풀을 만지작 거리다가 문득 여기가 어디인가 싶어 화들짝 몸을 일으켰다. 방금 전까지만 해도 전혀 몰랐던 곳에 내가 있다. 또 지금은 언제인가. 낯선 공간, 낯선 시간 속의 나를 발견한다. 누군가 나를 쏙 집어다가 지금 이 곳에 툭 던져놓은 것만 같다. 정신이 멍했다.

나이로비, 아프리카라고는 생각이 되지 않는, 혹은 더 아프리카 같은

장기간의 여행을 계획하다 보면 대륙별로 하이라이트가 될만한 굵직한 볼거리를 기대하게 마련이다. 내 일정에선 남미의 이과수 폭포, 우유니 소금사막, 마추픽추 그리고 북유럽의 오로라와 피오르드 정도가 있겠다. 여기 아프리카에는 사파리가 있다. 야생동물이라곤 지하주차장에 사는 고양이나 기차역 앞 광장의 비둘기 정도뿐인 서울에서 평생을 살아온 나는 사자가 사냥을 하고 물소가 강을 건너는 장면을 볼 생각에 며칠 전부터 잔뜩 들떠 있었다. 케냐의 마사이마라와 탄자니아의 세렝게티를 두고 고민했는데(사실 두 국립공원은 연결되어 있고 국경으로 나뉘어 각각의 이름으로 불린다), 대이동 시기인 지금 많은 동물이 북쪽으로 넘어왔다는 소식을 듣고는 뒤도 안 돌아보고 마사이마라로 결정했다. 보통 마사이마라에 나쿠루 국립공원을 끼워서 3박 4일로 많이들 가는데 올해는 비가 많이 와서 나쿠루 국립공원에 홍학이 거의 없다고 했다(10마리 정도 있다고 했다). 나는 '마사이마라 2박 3일 투어'로 정하고 거금을 여행사에 지불했다.

마사이마라로 가기 전날 숙소에만 있을 수 없어 어디라도 가봐야겠다는 생각에 직원분들이 부른 택시에 냉큼 올라탔다. 택시기사는 단지를 빠져나와 2차선 도로로 차를 몰았고 그러는 사이에 빨간 아침 햇살이 유리창을 뚫고 차 안으로 들어왔다. 무릎 위에 엎어놨던 손바닥을 뒤집었다. 햇살은 손등에 닿을 때보다 더 따뜻했다. 창밖엔 에티오피아에서는 우기라 볼 수 없었던 푸른 하늘과 우거진 초록색 풀잎들, 더 까만 피부의 사람들이 지나간다. 나이로비는 내가 생각했던 아프리카와 더 닮았구나. 기대했던 아프리카의 느낌을 케냐에 온 첫날부터 느껴서일까. 빌리지 마켓까지 가는 그 짧은 시간 동안 마음은 기대와 설렘으로 충만해졌다.

나이로비(Nairobi)는 나이로버리(Nairobbery)라고 불릴 정도로 치안이 불안하다. 무슨 도시 이름을 저렇게 바꿔나서 괜히 겁을 주고 그러냐,

콧방귀를 뀌면서도 겁이 나긴 했다. 커다란 배낭을 메고 나이로비 시내를 활보했다간 백 미터 안에 무조건 털리고야 만다더라, 길가다가 그냥 다짜고짜 칼침을 맞은 관광객도 있다더라, 하는 카더라 괴담은 도시 이름만으로는 설마하던 나를 더욱 자극했다. 나이로비에 거주하는 사람을 포함한 대부분의 외국인들은 쇼핑몰 안에서 밥도 먹고 쇼핑도 하는 걸 보니 소문이 마냥 거짓은 아닌 듯하다. 내가 가는 빌리지 마켓도 그 쇼핑몰 중 하나. 택시는 쇼핑몰 입구에 있는 보안검색대 앞에 멈춰 섰다. 귀찮았지만 보안검색대를 통과하고 나니 안심이 되긴 했다. 적어도 총을 핸드백에 넣고 다니는 아주머니는 없을 테니까.

아, 이곳이 정녕 아프리카란 말인가. 아침 햇살에 반짝이는 벽돌색깔 기와지붕과 맨들맨들한 타일바닥, 통유리로 된 가게들. 고작 검색대 하나 통과했을 뿐인데 이곳은 전혀 다른 세상이다. 주위의 모든 것이 주는 안도감에 용기를 얻어 아프리카에 온 이후 처음으로 카메라를 한

쪽 어깨에 걸었다. 그리고 이곳저곳을 향해 셔터를 눌렀다. 그런데 어떻게 알았는지 관리인이 갑자기 다가와서는 여기는 사진이 허용된 장소가 아니니 관리실에 가서 무슨 허가를 받아오라면서 지금까지 찍은 사진을 다 지우란다. 허, 참.

'Management Office'라는 곳의 문을 두드리고 고개를 빼꼼 내밀어 봤다. 히잡을 둘러쓴 여성과 눈이 마주쳤다.

"사진을 찍으려면 이곳에서 허가를 받으라길래…."

쭈뼛거리는 나의 말을 단호하게 끊으며 그녀가 말했다.

"여기서 찍은 사진을 상업적으로 쓰지 않겠다고 약속하면 허가해 주지."

"(여기서 찍은걸 누가 산다고…) 알겠어. 약속할께."

"좋아. 그래도 다른 사람들의 사진을 찍으면 안돼. 너와 네 일행들 사진만 찍어야 해."

무슨 허가증이라도 주는 줄 알았는데 그냥 그게 끝이었다. 구두라도 일단 허가를 받으니 마음은 편해졌다. 이젠 아예 카메라를 한 손에 쥐고 어슬렁거리며 아까 지운 사진을 다시 찍었다. 허가받고 왔다고 말하길 벼르고 있는데 어쩐지 그 관리인은 이번엔 날 보고도 모른 체 한다. 아깐 그냥 날 보고 한마디 하고 싶었던 걸까.

와이파이가 제일 빠르다는 '아트카페'로 들어갔다. 아메리카노 한 잔을 시켰는데 가격이 에티오피아의 몇 배는 됐다. 이 가격이면 거의 한국 카페 수준이다. 툴툴거리며 품에 꼭 안고 가져온 노트북을 꺼내 무선 인터넷 신호를 잡았다. 드디어 블로그에 뭐라도 올릴 수 있겠구나.

여행을 떠나기 전, 블로그를 개설하고 여행자 명함에 주소까지 써놨는데 막상 여행을 떠나고 나니 블로그를 할 시간도 환경도 받쳐주지 못

카페에 앉아 글을 쓰며

했다. 그래도 사진 몇 장에 글자 몇 개라도 올려야 하지 않겠나 하는, 미뤄놓은 숙제를 하는 마음으로 카페를 찾은 터였다. 올릴만한 사진을 고르고 서명을 넣고 그 밑에 글을 쓰는 작업을 반복했다. 인터넷도 생각보다 빠르지 않은 데다 사진 용량이 워낙 커서 사진 한 장을 올리는 데도 한참이 걸린다. 같은 자리에 6시간 동안 앉아 음식을 두 번이나 시켜가며 노트북을 두드린 결과 글 하나를 완성할 수 있었다. 그 성취감, 후련함, 해방감. 비록 에티오피아의 첫 3일 일정밖에 담지 못했지만 난 만족했다(난 이 이후로 여행하는 내내 블로그에 글씨 하나 적지 않았다).

전화로 부른 택시가 올 때까지 빌리지 마켓을 좀 돌아보기로 했다. 기념품 가게도 가보고 케냐 대표 전자제품 체인점에 가서 어댑터도 찾아봤다. 돌아다니며 사진을 몇 장 찍었는데 누가 나를 뒤에서 툭툭 친다.

"이봐, 여기서 사진 찍지 말라는 말 못 들었어?"

"나 아까 Management Office에서 허락받았는데."

"허락받아도 아무거나 찍으면 안 돼. 너랑 너의 일행들의 모습만 촬영 가능하다구."

다른 사람 찍는 것도 아니고 그냥 쇼핑몰 내부의 모습이나 조형물을 찍는데 도대체 왜? 이해는 안 갔지만 규정이라니 어쩔 수 없다. 하지만 나는 순간 빠르게 머리를 굴렸다. 우선 그의 환심을 사기로.

"진짜? 몰랐어. 미안해. 조심할게. 나 한국에서 온 관광객인데 어제 도착해서 오늘이 이틀째야. 근데 나이로비 정말 좋은 거 같아. 내가 에티오피아에 한 3주 있었거든. 거기는 차선도 없고 신호등도 없는데 여긴 길도 잘 닦여 있고 진짜 발전된 나라 같아."

최대한 순진한 표정을 지으며 말했다. 동양에서 온 관광객 입에서 나온 자국에 대한 칭찬에 그의 얼굴 빛이 변했다.

"한국에서 왔구나. North? South?"

"South."

"오. 그렇구나. 그런데 왜 한국은 남북으로 갈라져 있니?"

이렇게 시작된 그와 나의 대화. 나이로비의 쇼핑몰 관리인에게 한국전쟁의 발발이유에 대해 설명하게 될 줄이야. 이렇게 해서라도 찍은 사진들을 지키고 말리라. 그렇게 미국과 소련이 어쩌고저쩌고 김일성이 어쩌고저쩌고 38선이 어쩌고저쩌고. 그렇게 서서 그와 15분 정도 이야기를 했을까. 시종일관 밝은 표정으로 얘기를 듣던 그는 대화가 끝날 무렵 사진은 까맣게 잊은 듯 내게 하이파이브를 청했다. 그렇게 우린 멋지게 헤어졌다.

저녁은 직원분들과 함께 '자바커피'에서 먹었다. 자파커피는 케냐에서 제일 유명한 카페인데 식사류도 있었다. 카페 분위기가 기대보다 훨씬 좋아 생전 이런 데는 안 와본 촌놈마냥 주위를 두리번거리며 스테이크를 썰었다. 에티오피아에 상대적으로 오래 머물렀기 때문일까. 나이로비에 온 이후로 모든 것들을 에티오피아와 비교하게 됐고 고로 모든 게 풍족해 보였다. 하지만 이건 '돈이 많은' 외국인 관광객에게 보이는 케냐의 단편적인 모습일 뿐이다. 케냐를 포함한 대부분의 아프리카 국가들은 빈부격차가 극심하다. 나이로비도 도심에 으리으리한 빌딩이 솟아 있는 반면 20분만 벗어나면 대규모의 빈민촌이 있다. 나는 도심에서도 가장 안전한

자바커피

쇼핑몰 안에 있으니 모든 것이 풍족해 보일 수밖에.

내일은 드디어 아프리카의 하이라이트인 마사이마라로 떠나는 날이다. 미리 연락해 놓은 택시기사에게 제발 늦지 말라고 간곡히 부탁을 했다. 그가 계속 말하는 'No Problem'이 '내가 그까짓 약속하나 못 지킬까봐 이러나?' 하는 No Problem인지 아니면 '그깟 택시 하나 놓쳐도 네 인생이 어떻게 되는 건 아니잖아' 하는 No Problem인지는 내일 아침 눈을 떠 봐야 알 일이다.

마사이마라 – 퀴즈탐험 신비의 세계

다행히 택시기사는 제 시간에 숙소 앞에 딱 와 있었다. 교통체증이 시작되기도 전에 출발해서 한 시간이나 일찍 집결장소인 호텔에 도착

나이로비 시내의 아침

했다. 로비에서 시간을 때우다 여행사에서 보낸 아저씨를 따라 호텔 밖으로 나왔다. 마트에 들러 음료수와 과자 등 차에서 먹을 군것질거리를 사고 나오니 빈 승합차가 한 대 와 있다. 일행 중 내가 제일 먼저 왔나 보다. 잠시 후 도착한 두 동양 남자. 대만에서 온 이옌과 카이다. 중국인과 대만인은 정말 구별하기가 힘들다는 생각을 하고 있던 찰나 일행이 한 명 더 왔다. 키가 큰 흑인 남자 로버트. 케냐 사람인 줄 알았는데 미국에서 왔다고 한다. 그렇게 인사를 하고 이런저런 얘기를 나누다 보니 차는 어느덧 나이로비 시내를 빠져나왔다. 의대생인 이옌과 카이는 방학이라 아프리카에 놀러왔고 케냐에서 관광을 한 후 말라위에서 봉사활동을 할 예정이라고 했다. 로버트는 고등학교 교사이고 정치, 경제를 가르친다고 했다. 나는 내 이름을 'Moon Hwan'이라고 소개하려다가 아무래도 이 사람들한테는 좀 어려울 수도 있을 것 같아 그냥 'Moon'이라고 했다. 사람들은 기억하게 쉽겠다며 좋아했다.

우리의 운전기사 겸 가이드는 찰스. 인상은 되게 험악한데 이름은 귀여워서 적잖이 당황했다. 찰스라니.

"이봐 친구들. 나는 조용한 건 못 참겠으니 계속 질문하고 시끄럽게 떠들라구."

"찰스. 이따가 캠핑장에 도착하면 게임 드라이브(우리가 말하는 '사파리')는 다른 차를 타고 하는 거지?"

"아니, 이 차로 계속 하게 될 거야. 지

금은 닫혀 있지만 이 차 나름 오픈카라구. 하하하."

찰스는 무슨 말을 해도 유쾌하게 대답을 해줬다.

두어 시간쯤 갔을까. 초원이 보이는 전망대에 차가 멈춰선다. 내려서 기지개를 켜고 도시와 다른 찬 공기도 힘껏 마셔본다. 저 멀리 희미하게 보이는 지평선을 보는 사이, 많은 승합차들이 이곳에 멈추고 또 떠났다. 마사이마라로 가는 많은 관광객들의 휴게소쯤 되나보다. 아프리카에 와서 백인들이 이렇게 여럿 모여 있는 모습을 처음봐서 그런지 평범한 관광객들이 굉장히 낯설게 느껴졌다.

다시 출발해서 20분 정도 만에 다시 차가 멈춘다. 새 일행들이 여기서 합류했다. 덴마크에서 온 커플인 크리스천과 메티, 그리고 인도에서 온 우마.

"Such an International Group!"

로버트의 외침은 이 여정의 진정한 시작을 알리는 신호탄 같았다. 나이로비를 벗어날 때만 해도 탁 트인 교외의 풍경에 다들 '우와'를 남

발했건만 아무리 풍경이 멋진들 새로운 사람보다 반가울까. 다들 몸을 돌려 마주 보며 서로에 대해 이것저것 묻기 시작했다.

크리스천은 한국에 관심이 많아보였다. 보통 한국에서 왔다고 하면 다들 별다른 반응이 없는데 크리스천은 내가 소개를 마치자 반색을 했다.

"이봐 Moon! 난 정말 한국에 관심이 많아. 다른 아시아 국가들보다 한국에 제일 가보고 싶어. 특히 어디선가 남북한 군인이 서로 마주 보고 있는 장면을 봤는데 조만간 가서 꼭 직접 보고 말꺼야."

이것뿐 아니라 크리스천은 한국의 정치, 경제와 문화에 꽤 많이 알고 있었다. 반면 나는 놀랄 만큼 덴마크에 대해 하는게 없었다. 덴마크 사람을 Danish라고 하는 것도 방금 알았으니 말 다했다. '어렸을 때 안데르센 동화를 읽고 감명을 받았으며 레고를 좋아했다.' 따위론 남북한 정세에 대해 논하는 그에 맞설 수 없어 입도 뻥끗하지 않았다.

지평선이 보이는 초원, 간혹 옆으로 휙휙 비켜 지나가는 학교들, 길가에서 지나가는 사람들이 던져주는 음식을 기다리고 있는 원숭이들을 지나쳐 달리니 어느덧 점심시간이 되었다. 북적이는 마을의 한 식당에서 점심을 먹었다. 식당 안에는 세계 각국에서 온 사람들이 삼삼오오 모여 점심을 먹고 있었다. 어느 여행 블로그에서 보던 바로 그 장면이었다. 동물들을 보기 전부터 나는 벌써 무슨 탐사대원의 일원이 된 것처럼 들뜨기 시작했다.

점심을 먹고 다시 출발한 차는 이제 비포장도로를 달린다. 길이 울퉁불퉁해질수록 차는 천천히 달리고 차가 천천히 달리는 만큼 우리에게 손을 흔드는 아이들이 많아졌다. 우리가 손을 흔들기 전에 먼저 손을 흔드는 아이들. 우리가 답례로 손을 흔들면 아이들은 더 세차게 손을 흔든다.

캠핑장은 마사이마라 국립공원 외부에 있었다. 우리가 묵을 곳은 튼튼한 천막으로 만들어진 커다란 텐트였다. 침대 2개와 모기장, 화장실이 마련되어 있었고 비가 와도 문제 없도록 짚이 지붕을 덮고 있었다. 로버트와 같은 방에 짐을 풀고 첫 게임 드라이브를 갈 준비를 했다. 캠핑장 이곳저곳을 기웃거려 보기도 하고 식당도 들러 커피도 한 잔 마셨다. 오후 4시. 게임 드라이브를 위해 차에 올랐다. 차는 올 때와 달리 오픈카가 되어 있었다. 모두들 소풍 가는 버스에 오른 초등학생들 마냥 기대에 부푼 표정이었다. 나는 기대가 큰 만큼 실망도 크다는 것을 잘 알고 있어서

'막상 들어가 보면 별거 없을지도 몰라.'

'다큐멘터리에 나오는 장면들은 몇 박 며칠씩 밤새워서 찍은 거라던데 그런 장면이 쉽게 보이겠어?'

라며 스스로를 진정시켰지만 그 사이를 비집고 나오는 기대감과 설렘까지 짓누를 수는 없었는지 나도 모르게 입꼬리를 씰룩거렸다.

입구에서 기념품을 파는 마사이족 아주머니들을 지나 드디어 공원 안으로 들어갔다. 입구 근처엔 가젤 한 마리도

없더니 20분 정도 들어가니 동물들이 슬슬 모습을 드러낸다. 가젤, 누 같은 초식동물이 띄엄띄엄 보이기 시작했다.

어렸을 때 빼먹지 않고 챙겨봤던 동물 프로그램의 로고송이 머릿속에 맴돌기 시작한다. 그리고 그 음악의 배경으로 나온 목도리 도마뱀이 우스꽝스럽게 달리던 모습도 떠오른다.

마사이마라에서 가장 흔하게 볼 수 있는 건 누. 영어로는 Wildebeest 라고 한다. 누를 가까이서 처음 보고 느낀 것은 '와, 얘네들 진짜 못 생겼네' 였다. 길고 시커먼 얼굴에 흐물흐물 날리는 수염. 새끼, 어른 할 것 없이 늙고 못 생겨 보인다. 하지만 지금 같은 대이동 시기에 수백 마리씩 떼를 지어 강을 건너는 장관을 만들어 내는 녀석들 역시 누떼다.

흔히 빅5라고 불리는 'Must See' 동물들이 있다. 코끼리, 사자, 버팔로, 표범 그리고 코뿔소. 특히 코뿔소는 가장 보기 힘든 동물로 나도 아프리카의 세 국립공원을 방문하면서도 딱 한 번 봤다. 그것도 한 마리. 아무튼 아프리카를 여행하는 사람들 사이에서는 빅5를 다 봤네 못 봤네가 사파리 여행의 후기가 되는데 대부분 표범이나 코뿔소 때문에 실패하는 경우가 많다. 하지만 내가 보고 싶었던 것은 따로 있었으니 바로 누떼가 강을 건너는 장면이다. 동물 자체를 보는 것도 의미가 있지만 그 동물의 역동적인 모습을 보면 더욱 생동감 있는 아프리카를 느낄 수 있지 않을까. 풀을 뜯는 누는 별 볼 일이 없어도 떼를 지어 강을 건너는 모습을 보게 된다면 정말 누가 빅5가 다 같이 모여 있는 걸 봤다고 해도 부럽지 않을 것 같았다.

누와 얼룩말이 슬슬 식상하게 느껴질 때쯤 버팔로가 등장했다. 우와. 덩치도 엄청나게 크다. 녀석들의 등에 앉아 있는 새들은 뭐지? 악어새 같은 건가? 오! 저건 뭐지? 버팔로 중에 한 마리는 싸우다가 다쳤는지 엉덩이에서 피가 흐르고 있었다. 아! 저 멀리 기린이 보인다. 찰스는 차를 기린 무리 가까이에 세운다. 우왓. 기린도 엄청 크네. 무늬도 내가 알던 기린의 무늬가 아니다. 아프리카 기린은 좀 다른가? 오오! 코끼리다. 아기 코끼리도 있네? 진짜 귀엽다. 마지막으로 동물원을 간 게 기억도 나지 않을 정도로 오래

▲ 가이드끼리 서로 무전을 주고받아 동물이 있는 곳으로 모인다.
▼ 첫날 게임 드라이브를 무사히 마친 인터내셔널 그룹

전이이라 그런가. 나는 스스로도 놀랄 만큼 놀라고 있었다.

그러는 사이 코끼리 가족은 그렇게 우리의 오픈카(?) 옆을 비켜 지나갔다. 이땐 몰랐는데 나중에 로버트한테 들으니 어미 코끼리는 아기 코끼리랑 있을 땐 극도로 예민해져 있어 무슨 일을 벌일지 모르기 때문에 자기는 그때 상당히 긴장했다고 했다. 그렇구나. 난 가까이 와서 좋다고 사진만 찍어댔는데.

빅5를 다 못 봐도 괜찮아

마사이마라에서의 둘째 날. 텐트 지퍼를 열고 나가니 차가운 공기가 얼굴을 감싼다. 자연 속에서 아침을 맞을 때만 경험할 수 있는 공기의 냄새가 향수를 일으킨다.

초등학교 4학년 때 아람단 활동을 시작했다. 요즘도 있나 모르겠다. 아무튼 나는 할머니 손을 붙잡고 남대문에 가서 아람단 의복도 사 입고 아람단 활동을 시작했는데, 처음으로 학교 운동장에서 캠핑을 하던 날 아침 일찍 일어나 텐트 밖으로 고개를 내밀어 맡던 공기의 냄새가 기억난다. 전날 밤 캠프파이어의 잔해와 아직 남아 있는 불씨에서 나는 희미한 탄내. 그게 내가 가지고 있는 아침 공기에 대한 기억의 시작이다.

차를 수리하며. 그 이름도 귀여운 찰스

슬리퍼를 끌고 식당에 갔다. 일찍 일어난 사람들은 끼리끼리 모여 커피를 마시고 있다. 나도 커피 한 잔을 마시며 잠도 마저 깨고 사람들 따라 어영부영 줄도 서서 아침도 먹었다. 다시 시작된 게임 드라이브. 차 천장이 뚫려 있으니 아침엔 꽤 춥다. 눈을 감고 얼굴로 바람을 맞았다. 내가 진짜 여행을 하고 있구나. 아프리카에서.

공원 입구를 통과한 지 20분도 안 됐을 때 차에 문제가 생겼다. 찰스는 다시 공원 밖으로 나가 수리점에서 차를 고쳐야 한다고 했다. 다들 'No Problem'. 아프리카에 와서 그런지 다들 여유만만이다. 나도 20년 전 티몬과 품바로부터 배운 하쿠나 마타타 정신을 여기서 써먹어 본다.

오늘은 어제보다 동물들이 훨씬 더 많이 보였다. 누와 얼룩말이 사방에 쫙 펼쳐져 있는 길을 달린다. 어제 사자가 먹다 남긴 누를 먹고 있는 독수리들도 보이고, 배가 부른지 배를 까고 자고 있는 정글의 왕 사자도 보인다. 타조도 있었는데 생각보다 훨씬 커서 깜짝 놀랐다. 2미터도 넘는 거 같다. 한참을 더 달려 강가에 도착했다. 강 아래쪽엔 하마 무리가 여유롭게 낮잠을 즐기고 있었다. 저렇게 자다가 일어나 물에 들어가서 몸을 식히고, 또 자고 하나보다. 이렇게 멀리서 보면 귀엽기만 한 하마는(특히 새끼하마는 색깔도 다르고 다리도 짧은 게 얼마나 귀여운지

모른다) 알고 보면 가장 난폭한 동물 중 하나라고 한다. 여기 마사이마라에선 하마들이 사냥을 하는 모습을 못 봐서 그냥 그런가 보다 했는데 나중에 보츠와나 오카방고 델타에서 하마 두 마리가 싸우는 걸 보고 기겁했다.

어제보다 훨씬 다양한 동물을 더 많이 볼 수 있어 즐거운 오전 게임 드라이브였다. 점심은 강가에서 좀 떨어진 한적한 곳에서 먹었다. 큰 나무 아래 돗자리를 펴고 숙소에서 제공한 점심을 꺼냈다. 호일에 싸인 샌드위치, 치킨 그리고 바나나와 팩에 든 주스. 부실했지만 마사이

마라 안에서 먹는 식사라 그런지 굉장히 맛있게 먹었다.

점심을 먹고 다시 차에 오르기 전 나무에 기대어 이옌, 카이와 얘기를 나누고 있었다. 그런데 툭. 팔에 뭔가 닿았다. 뭐지? 이게 뭐야? 검은 고체에 흰색 액체가 팔을 타고 흐른다. 흐익! 새똥이다! 새가 방금 전 싼 따끈한 똥을 직접 맞은 거다. 호들갑을 떨며 물을 부어 새똥을 씻어내렸다. 사람들은 웃으며 새똥을 맞은 건 행운이라며 오히려 축하를 건넨다. 로버트는 내가 새똥을 맞았기 때문에 이따가 누떼가 강을 건너는 모습을 볼 수 있을 거라며 좋아했다. 사람들의 의외의 반응에 처음엔 재수 없게 새똥을 맞았다며 툴툴거리던 나도 어느덧 머리에 안 맞은게 어디냐며 생각을 고쳐먹기에 이르렀다.

다시 강가로 가니 차들이 엄청나게 몰려있다. 점심시간 전에 봤던 누떼들이 이제 강을 건너려 하는 모양이다. 엄청나게 긴장됐다. 차들은 누떼와 어느 정도 거리를 둔 채 더 이상 다가가지 않고 기다리고 있다. 출발신호만을 기다리는 레이싱카처럼 수십 대의 사파리 차들이 부릉부릉 소리를 내며 매연을 내뿜는다. 차들이 서로 눈치를 보는 것처럼 누들도 총대를 메고 선두에 서서 강을 건널 대장을 기다리는 것 같았다. 그 순간! 갑자기 차들이 동시에 출발하더니 강가로 돌진한다. 오오. 드디어 시작인가. 강 아래쪽으로부터 먼지가 뿌옇게 올라오는 게 아무래도 앞선 몇 마리가 강을 건너기 시작한 모양이다. 찰스는 다른 차들보다 더 좋은 자리를 선점했고 우리는 보았다. 그 고대하던 광경을.

역동적인 날것. 가슴이 벅찼다. 하루 종일 풀만 뜯던 순해 보이는 녀석들이 생존을 위해 악어가 득실거리는 강으로 뛰어드는 모습이란. 내 두 눈으로 이런 광경을 보고 있다는 자체가 믿어지지 않았다. 수백 마리의 누가 약속이나 한 듯이 강을 건너는 모습은 신비로웠다. 아니 아름다웠다.

야생에서 보는 모든 것들이 감동적인 이유는 바로 어떠한 연출과 설정도 없는 자연 그 자체이기 때문일 것이다. 어떠한 인간의 개입 없이 오로지 본능에 이끌려 위험을 무릅쓰는 것. 수많은 사람들이 이런 모습을 보기 위해 이곳까지 오는 것이다. 나 역시 이 장면을 보기 위해 여기까지 온 것이고 또 본 것이다. 대이동 시기엔 흔히 볼 수 있는 광경이라고 생각했는데 나중에 듣고 보니 이걸 보기 위해 일주일씩 기다리는 사람도 있다고 하니 우리가 얼마나 운이 좋은지. 일행들은 이게 다 새똥을 맞은 내 덕이라며 내게 고맙단 인사를 했다. 이럴 줄 알았으면 새똥 사진이라도 찍어놓을걸 그랬다.

마사이 꼬마의 특별한 인사법

저녁엔 근처 마사이족 마을을 방문하는 일정이 있었다. 야간에는 게임 드라이브를 안 하기 때문에 딱히 캠핑장에서 할 게 없는 관광객들을 위한 하나의 관광코스였다. 입장료가 싸진 않았지만 아직 해도 지지 않았고 현지인들의 모습도 구경할 겸 나도 같이 가기로 했다. 마사이족 마을은 우리 캠핑장에서 멀지 않아 걸어갈 수 있었다. 젊어 보이는 마사이 청년에게 입장료를 지불하고 마을로 들어갔다.

예전에 집에 있던 어린이용 백과사전에 마사이족을 소개한 단락이 있었는데 키가 굉장히 크고 마른, 특이한 옷을 입은 까만 피부의 사람들을 보고 어린 나이에 꽤나 놀랐던 기억이 있다. 그때 봤던 마사이족의 모습이 '아프리카 사람'의 첫인상이었고, 이때 생긴 '아프리카 사람'의 이미지를 여행준비를 하던 몇 달 전까지 가지고 있었다니 사람의 고정관념 탈피라는 것이 얼마나 어려운지. 아무튼 거기서 보았던 마사이족을 약 20년 만에 직접 보게 된 것이다.

우리들의 등장에 마사이족 사람들은 대열을 맞추더니 노래를 부르기 시작했다. 전 세계에서 몰리는 관광객들을 상대해 왔던 탓일까. 그들은 굉장히 조직적이고 능숙했다. 갑자기 젊은 마사이족 한 명이 점프를 한다. 뒤이어 다른 젊은이들도 점프를 한다. 마사이족은 높이 뛸 수 있는 사람을 용감한 전사라고 여긴다는 걸 어디선가 본 적이 있다.

그렇게 환영식이 끝나니 마사이족은 우리를 한 명씩 소똥으로 만든

각자의 집으로 데려간다. 나도 한 아저씨에 손에 이끌려 그의 집에 들어갔다. 캄캄한 집 안. 침실, 주방 등이 있지만 제대로 갖춰진 주거공간이라고 보기는 힘들었다. 거기서 마사이족의 생활모습도 보여주고 이런저런 설명도 해주다가 슬쩍 본론을 꺼내는데 그것은 바로 기념품을 사라는 것. 기념품을 사면 그 수익금을 근처 마사이족 아이들을 위한 학교를 위해 쓰인다고 했다. 정말 미안했지만 나는 기념품을 사는 족족 짐이 되기에 정중히 거절하고 집 밖으로 나왔다.

들판에는 아이들이 뛰놀고 있다. 사진은 마음껏 찍어도 좋다고 미리 허락을 받은 터라 주변에 아이들 세 명을 모아놓고 사진을 찍었다. 같은 사진을 세 장을 출력해서 한 장씩 나눠주니 아이들은 굉장히 신기해했다. 또 옆에서 지켜보던 마사이 어른들도 관심을 보였다. 아이들이 모인 곳엔 더 많은 아이들이 모이는 법. 또 다른 아이들 몇 명을 세워놓고 사진을 찍어주려고 하니 주변에 아이들은 20여 명으로 불어났다. 큰일났다. 아이들이 이렇게 많을 줄은 모르고 필름은 몇 장 안 가져왔

내 다리에 오줌을 싼 마사이 꼬마

는데. 일단 자리를 떠야겠다.

자리에서 일어나 몇 걸음 걸었을 때였다. 다리에서 느껴지는 온기. 뭐지? 출처를 확인하기 위해 시선을 내렸다. 해맑게 웃고 있는 아이가 내 바로 옆에 서 있었다. 그리고 그 아이에게서 뿜어져 나와 내 다리에 닿아 흘러내리는 액체. 지금 이 아이가 내 다리를 겨냥하고 오줌을 싸고 있는 것이다. 아…. 이게 그 따뜻함의 정체였구나. 순간 생각했다. 이게 마사이식 환영인사인가? 아니다. 그럴리가 없다. 이 세상에 어느 민족이 환영인사를 배설물을 상대방에 몸에 묻히며 하겠나.

"으힉!"

내가 기겁하며 소리를 지르자 오줌을 싸던 꼬맹이는 까르르 웃으며 도망을 치고 옆에 있던 마사이 아저씨들은 노 프라블럼이라며 허허허 웃는다. 이 사람들아 나에겐 노 프라블럼이 아니란 말이다. 다행히 그 중 한 분이 바가지에 물을 갖다 줬고 그걸로나마 대충 다리를 씻을 수 있었다. 오전엔 새똥을 맞고 오후엔 오줌을 맞는구나. 아, 눈물.

아까 잠깐 모였던 아이들은 금세 또 흩어져 놀고 있다. 옳지. 애들을 모으지 말고 내가 다니면서 찍는 게 수월할 것 같다. 그렇게 한 명씩 3~40명의 아이들의 사진을 찍었다. 필름이 부족해서 일단 찍고 캠핑

장으로 돌아가서 뽑고 다시 가져다 줄 생각이었다. 뷰파인더로 아이들과 눈을 마주칠 때마다 이런 생각이 들었다. 이런 마사이 아이들이 커서 저 옆에 있는 키 큰 마사이 청년처럼 돼서 이 마을을 지킬까? 아니면 이곳을 벗어나 더 넓은 세상으로 나갈까? 어떤 삶을 살든 지금처럼 웃을 수 있길.

다시 나이로비로

마사이마라에서의 마지막 날이 되었다. 게임 드라이브는 6시 반부터 시작되기에 어제보다 더 일찍 일어나 준비를 했다. 과연 오늘은 빅5 중에 보지 못한 코뿔소와 표범을 볼 수 있을까. 기대를 안고 마지막 게임

마사이마라의 일출

드라이브를 시작했다.

국립공원에 들어가자마자 우리를 맞이한 건 떠오르는 태양이다. 내가 본 태양의 모습 중 가장 붉다. 아프리카의 태양이다. 수십 번도 넘게 셔터를 눌렀지만 카메라로는 그 색깔과 에너지를 도저히 담을 수 없다. 넋을 놓고 일출을 감상하다가 주변을 돌아보니 사방이 누떼다. 장관이었다. 360도로 우리를 둘러싼 누들이 저 먼 곳까지 펼쳐져 아침을 먹고 있었다. 그 아름다운 광경을 보면서 동시에 이게 마지막이라는 아쉬움이 몰려왔다.

표범이다! 우리 차 앞을 슥 지나가더니 수풀 속으로 잽싸게 들어가 버렸다. 사진 한 장 못 찍었다며 아쉬움 섞인 탄식을 내뱉는 찰나, 찰스가 차를 몰고 달리더니 아무도 없는 곳에 차를 세운다. 주변엔 아무것도 보이지 않는다. 다들 의아해하고 있는데 오른쪽 수풀 속에서 표범 세 마리가 슬그머니 걸어 나오고 있었다. 찰스는 이들이 물을 마시

러 이 작은 웅덩이로 이동할 것을 알고 있었던 것이다. 다른 차들도 소식을 듣고 달려왔지만 이미 표범들은 수풀로 사라진 뒤였다. 가이드 하난 잘 만났다.

표범을 마지막으로 보고 캠핑장으로 돌아왔다. 비록 코뿔소는 끝까지 못 봤지만 아쉬움이 남지 않는 마사이마라 투어였다. 짐을 챙기고 다 같이 마지막으로 기념사진을 한 방 찍었다. 언제쯤 다시 한 번 만날 수 있을까. 아니, 만날 수나 있을까. 하지만 헤어짐의 순간은 생각보다 빨리 찾아왔다. 나를 제외한 일행들은 모두 나쿠루 국립공원을 포함한 3박 4일 일정이라 나 홀로 중간에 차를 바꿔 타야 했기 때문이다. 그렇게 난 혼자 나이로비로 돌아왔다.

▲ 나이로비로 돌아가는 길. 손을 흔드는 아이
▼ 시위대로 인해 길이 막혀 개울가를 통과해야 했는데 저렇게 차를 밀어주고 돈을 받는 사람들이 있었다. 그들의 도움으로 무사히 개울을 지날 수 있었다.

아프리카 여행의 하이라이트 중 하나인 사파리 투어는 기대 이상으로 만족스러웠고 예상하지 못했던 마사이족 아이들을 만날 수 있어서 더 특별했다.

몸바사 – Brush with Hope의 시작

여행을 하다 보면 주중과 주말에 개념이 희미해지곤 한다. 사파리가 끝난 다음날, 토요일인 걸 모르고 염치없게 직원분들 평일 아침 식사시간에 맞춰 일어났다. 부엌에 내려가 '왜들 안 나오시지' 하고 기웃거리다 이내 토요일임을 깨닫고 혼자 민망해했다. 다시 방에 올라가 누워서 뒹굴거리고 있는데 문자가 왔다. 내려와서 밥 먹으라고. 대접만 받다 가는 것 같아 괜스레 죄송해진 것도 잠시, 부리나케 내려가서 토스트와 시리얼, 커피까지 주시는 것 전부를 사양 않고 넙죽넙죽 다 받아먹었다. 직원분들은 사파리가 어땠냐는 의례적인 질문을 했다가 수백 장의 동물 사진을 보여주며 쉴새없이 떠드는 내 자랑에 장단을 맞춰주셔야 했다.

오늘 하루는 한인 민박집에서 묵고 내일 아침 일찍 국내선을 타고 몸바사로 간다. M.tree의 "Brush with Hope" 프로젝트에 참여하기 위해. M.tree는 비영리단체로 세계 여러 나라에 흩어져 있는 아티스트들을 모아서 아프리카 어린이들에게 미술교육, 패션교육을 하는 청년 네트워킹 회사다. 작년 가을 M.tree 대표님이 TV에 나오셔서 하는 강의를 듣고 수소문 끝에 메일을 보냈고 올해 1월 초, 뉴욕으로 날아가 대표님을 직접 만나볼 수 있었다. 그 만남이 내게 도전이 되었고 언젠가 기회가 되면 M.tree 프로젝트에 꼭 참여해 보고 싶은 마음이었는데 몇 개월 후 세계여행을 떠나게 되고 또 여행 도중 프로젝트에 두 번이나 참여하게 될 줄 누가 알았겠는가.

같이 몸바사행 비행기를 탈 학교 선배인 새미 누나를 만나기로 한 한인 민박집을 찾아갔다. 넓고 깨끗한 데다 빨래까지 해주시는 도우미

아주머니가 계셔서 후딱 샤워부터 했다. 반짝거리는 수도꼭지를 돌리니 뜨거운 물이 콸콸콸 쏟아졌다. 새똥이 묻었던 팔, 오줌 세례를 당했던 다리를 빡빡 문질렀다. 씻고도 찝찝함이 가시지 않던 마사이마라 캠핑장의 샤워실이 떠올랐다. 어두운 데다 바닥은 까슬까슬하고 수도꼭지를 끝까지 돌려도 졸졸졸 흐르던 찬물. 기왕 비싼 숙박비 낸 거 본전이라도 뽑자는 얄팍한 생각에 한참을 샤워기 아래 서 있었다.

수압의 차이란 실로 대단한 것이었다. 샤워를 마치니 때라도 민 것처럼 개운했다. 새 옷으로 갈아입고 마루로 나오니 내 빨래가 여기저기 널어져 있다. 이런 호사라니. 주인 아주머니가 주시는 간식을 먹으며 와이파이 공유기를 바로 옆에 두고 노트북을 켜니 몸바사고 뭐고 여기 이렇게 퍼져 있고만 싶다는 생각이 잠깐 들었다.

아프리카에 온 이후로 가장 호화로운 하루를 보낸 다음날, 벌써 3번째 찾는 나이로비 공항이다. 새미 누나랑은 다른 비행기라 따로 체크인을 했다. 누나가 탄 Kenya Airways는 대형 항공사답게 제 시각에 보딩을 시작했고, 내가 탈 Fly540은 저가 항공사답게 탑승시각이 한참 지나서야 지연 안내방송이 나온다. 1시간이 딜레이됐다고 안내를 하는 직원은 전혀 미안해 보이지 않았다. 결국 1시간 반이 지나서야 겨우 비행기에 올랐다.

케냐의 제2의 도시 몸바사는 인도양이 빛나는 동부 해안도시다. 태평양을 건너고 대서양을 마주했다는 사람은 있어도 인도양에 가봤다는 이들은 많지 않다. 끽해야 몰디브로 신혼여행을 갔다온 사람이나 서호주로 워킹홀리데이를 다녀온 이들이 전부다. 몸바사와 인도양. 많은 사람이 가지 않은 곳을 간다는 것은 여행자에겐 일종의 특권의식이자 그때만 발동하는 알량한 자부심이다.

그 넓은 바다가 어떻게 하나의 이미지로 수렴하겠냐만은 내게 인도양은 태평양보다 수심이 얕고 대서양보다 밝은 빛을 띠는 따뜻한 미지의 세계였다. 아니나다를까 공항에서 내리자마자 키가 큰 야자수 사이로 기분 좋은 습기를 머금은 바람이 분다. 차에서 흘러나오는 음악도 내 예감이 맞을 거라는 신호를 보낸다.

다음날부터 시작된 본격적인 "Brush with Hope"는 총 3개의 학교에서 동시에 진행이 됐다. 첫날 나는 Pwani라는 학교에 가서 사진 찍는 일을 맡았다. 승합차를 타고 숙소를 벗어나 꼬불꼬불 비포장도로를 달려 마을 깊숙이 들어가니 정말 거짓말 같은 학교가 나타났다.

넓은 잔디밭, 작은 단층 건물, 짚으로 만든 지붕과 기둥, 그리고 커다란 나무. 이게 Pwani School의 세 교실이다. 내가 머릿속으로 그렸던 아프리카 학교의 모습과 너무 닮았다. 팀원들은 너도 나도 탄성을

첫 만남

지르며 차에서 뛰어 내렸다. 우리를 기다리던 수십 명의 아이들은 커다란 눈을 끔뻑이며 순식간에 우리를 둘러쌌다. 아이들을 한 명씩 찬찬히 살펴보았다. 처음 보는 이방인을 바라보는 눈빛에는 경계심 대신 호기심이 가득하다.

아이들 얼굴을 한참을 쳐다보다 발을 내려다 보았다. 다 낡아 해진 슬리퍼를 신었거나 맨발이다. 옷차림도 남루하다. 한글이 쓰여진 옷을 입은 아이도 있는 걸 보니 대부분 헌 옷을 얻어다 입는 모양이다. 하지만 고개를 들어 나를 쳐다보는 아이들의 반짝거리는 눈빛에서는 어떠한 부끄러움도 보이지 않았다(이제와서 생각해 보니 당시 내 몰골이 아이들에게 크게 이질감을 주지 않았던 것 같기도 하다).

현지 선생님들이 아이들을 정렬시키고 세 반으로 나눠 각자 교실로 이동했다. 다들 흩어지고 나서도 남은 아이들이 있었다. 이번 "Brush

with Hope"에 참여하지 못하는 아이들이었다. 지금은 방학이라 이 프로젝트에 참가할 아이들은 미리 선발되었는데 그렇지 못한 아이들도 소식을 듣고 이렇게 학교에 모인 것이다. 수업에 효과를 높이기 위해 인원을 제한할 수밖에는 없었지만 교실에 들어가지 못하고 저쪽 나무 그늘에서 이쪽을 힐끔거리는 아이들을 보니 마음이 불편하다.

카메라를 들고 수업하는 교실을 돌아다녔다. 처음 우리를 만날 때 까불거리던 아이들이 수업이 시작되니 놀랄 만큼 진지해지고 선생님들의 목소리에 집중한다. 첫날이라 서먹한 분위기를 깨고 붓과 물감 같은 미술도구들과 친해지는 수업이 주로 진행됐다. 교사들은 아이들에게 이름표를 달아주고 아이들은 붓과 연필을 잡고 선생님 말씀을 따라 뭔가를 열심히 그린다. 붓칠 하나하나에 정성을 쏟고 있는 모습을 보고 있노라면 그간 얼마나 배움에 목말라 있었는지 알 수 있다.

쉬는 시간이 되니 아이들은 다시 까불이가 되어 너나 할 것 없이 다른 반 교실로 달려간다. 여기선 뭘 하는지 궁금한 것이다. 그렇게 고개

를 빼꼼거리면 놀러온 친구에게 자기 그림을 보여주는 아이도 있고 쑥스러운지 못 보도록 친구를 밀쳐내는 아이도 있다. 책상이 빼곡한 교실 대신 시원한 나무 그늘 아래로 배경만 다를 뿐, 아이들의 모습은 우리의 어린 시절과 다르지 않다.

프로젝트 영상을 맡은 동윤이와 함께 촬영장소를 물색하기 위해 학교 밖으로 나왔다. 아까 차로 들어왔던 길을 두 발로 걸어본다. 길 양가엔 수풀이 우거져 있고 그 사이로 용도를 알 수 없는 단층 건물들이 드문드문 나타난다. 보이는 사람들의 모습도 다양하다. 보자기에 아이

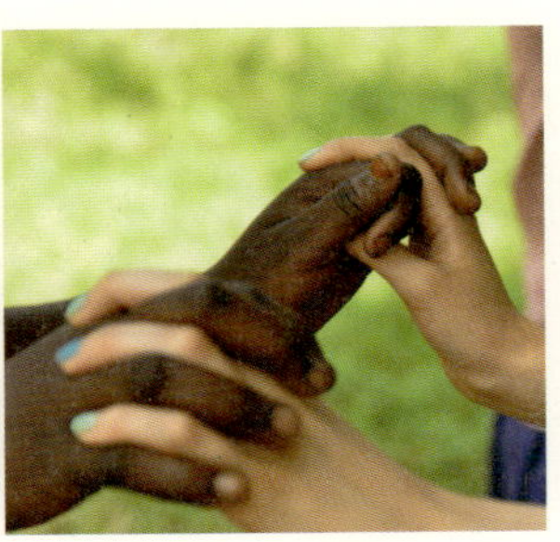

를 업고 걷는 아낙, 마당에서 싫다고 떼쓰는 아이를 목욕시키는 엄마, 우릴 보며 '헬로헬로' 하며 키득거리다가 눈이 마주치면 후다닥 도망가는 학생들 모두 정겹다.

이 모습을 보며 나는 우리나라의 시골을 떠올리게 된다. 서울에서 태어나 평생을 서울에서 산 내게 시골 고향의 추억은 없다. 낯선 사람에게 흔쾌히 손을 흔들어 주고 조금 가난하더라도 얼굴에 미소가 있는 그런 곳. 지금의 한국엔 없더라도 과거에는 있었을 법한, 겪어보지 못한 시골마을이 그리워졌다.

살리마의 집

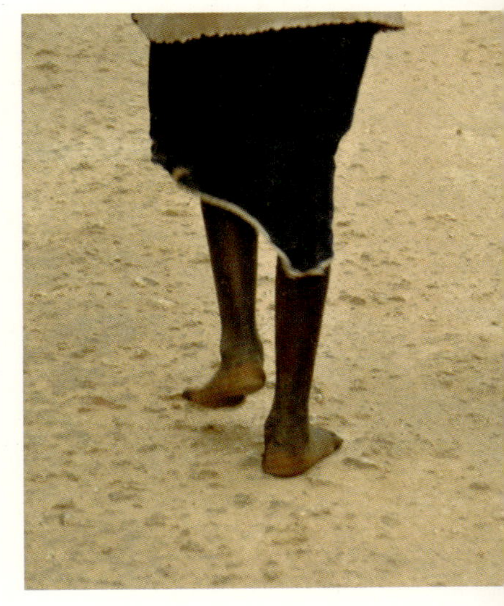

동윤이가 홍보영상의 주인공을 맡을 아이를 선정했다. 이름은 살리마. 아이에게 영상 촬영에 대해 설명하니 고개를 작게 끄덕인다. 수업일과가 끝나고 나는 한국 스탭 몇 명과 현지인 선생님 한 분과 함께 살리마의 집을 방문하기로 했다. 아이의 하루 일과를 담는 컨셉으로 촬영을 진행할 예정인데 주로 그 아이의 집을 배경으로 하게 될 것이기도 하고 가장 중요한 것은 아이의 부모님께 허락을 받아야 하기 때문이다.

살리마를 따라 무작정 걷기 시작했다. 케냐에서 쓰이는 '아주 가깝다'는 말은 내가 이해한 '아주 가깝다'와 전혀 다른 의미로 쓰이는 건지 살리마의 집은 30분을 걸어도 나타나지 않았다. 쪼리를 신은 발에 무리가 온다고 느껴질 때 눈앞에 보이는 살리마. 그리고 깡마른 몸을 지탱하는 맨발. 살리마는 학교에 오기 위해 이 울퉁불퉁한 비포장도로를 맨발로 매일 걷는 것이었다. 행여나 뾰족한 돌에 발이 찔리지나 않을지.

야자수가 우거진 한 마을이 나타났다. 동네 아이들은 천을 둘둘 말아 만든 축구공으로 공을 차다가 웬 방문객들이 마을에 들어오자 하던 걸 멈추고 우루루 몰려나왔다. 어떻게 이 작은 마을에 아이들이 이렇게나 많은 걸까. 아이들 사이를 비집고 마을 안으로 들어갔다. 흙으로 된 벽과 짚으로 된 지붕을 가진 집들이 따닥따닥 붙어 있다.

살리마의 어머니를 만나 촬영에 대해 설명을 드렸다. 현지 선생님이 통역을 해주셨고 어머니는 다행히도 허락을 해주셨다. 그리고는 내일부터 시작될 촬영에 대해 현지 선생님과 얘기를 했다.

"내일 몇 시까지 오면 될까요?"

"아침에 오시면 됩니다."

"음…. 아침 몇 시가 좋을까요?"

"아침에 오면 된다니까요."

"아침이라면 그게 정확히 언제라는 말씀…. 이신지…."

"아침 몰라요? 해가 저기 떠 있을 때요."

"아…?"

이런 거구나. 우리가 보통 약속을 잡을 때 시간을 초단위로 정해놓고 만나지 않는 것처럼 이들에게 아침이면 그냥 아침이지 9시가 됐든 10시가 됐든 그게 중요한 게 아닌 것이다. 그냥 해가 동쪽에 떠 있을 때 가면 되는 거다. 하루 24시간, 1년 365일이라는 같은 그레고리력을 쓰는데도 우린 그렇게 달랐다. 해질녘 몸바사의 한 시골마을, 서로를 이해하지 못하는 두 무리가 멀뚱멀뚱 마주 보고 있었다.

다음날 '아침' 다시 찾은 살리마의 동네. 살리마의 집은 촬영하기에는 적당하지 않아서 주변의 다른 집들을 둘러보았다. 다행히 한 마을 어른이 흔쾌히 집을 빌려주셨다. 낡은 가구와 색이 바랜 벽, 그리고 적당히 들어오는 채광. 모든 게 완벽했고 촬영은 시작됐다.

동윤이와 살리마가 열심히 촬영을 하는 동안 나는 촬영현장의 스냅사진을 찍었다. 그러다가 집 밖으로 나와서 동네 아이들을 만나기도 했다.

여행을 시작하기 전 들었던 얘기 중 하나가 아프리카 사람들은 사진에 찍히면 영혼을 뺏긴다고 생각하기 때문에 굉장히 조심해야 한다는 것이었다. 특정 국가도 아니고 아프리카 사람이라고 하니 어느 나라를 가도 조심해야겠다고 생각하고 다녔다. 하지만 지금껏 내가 겪어본 사람들은 달랐다. 물론 카메라를 들기도 전부터 사진을 찍지 말라고 손사래를 치는 사람도 있었지만 대부분은 사진에 대해 크게 거부감을 가진 것처럼 보이지는 않았다. 여기 케냐의 몸바사에서도 마찬가지였다. 아이들의 사진을 찍어도 되냐고 물어보면 못 찍게 하기는커녕 자기 아이를 제일 잘 보이는 위치에 서게 하는 엄마도 있었다. 오히려 아이들이 자기들을 겨냥하는 듯한 시커먼 기계와 처음 듣는 셔터소리에 긴장하여 머뭇거렸다. 그러나 이내 자신들의 모습이 담긴 사진을 보면 저렇게 환한 미소를 짓는다.

살리마의 하루일과를 담는 내용의 영상을 촬영하면서

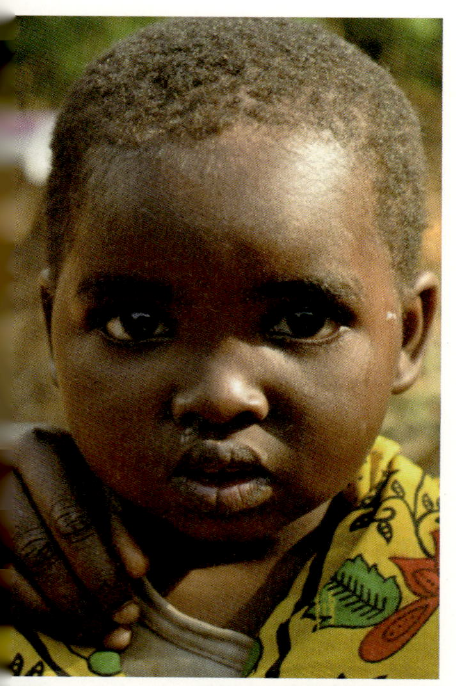

Jambo!! 스와힐리어로 '안녕'이라는 뜻이다. 아니 어떻게 안녕이라는 말을 이렇게 귀여운 '잠보'라고 정해놨을까? 아무리 시큰둥하게 말해도 반가울 것 같은 인사말 잠보. 누가 들어도 정겹고 따라하기도 쉬운 인사말 잠보.

잠보!!

이 또한 정말 아프리카스럽다. 눈이 큰 아이는 자기가 가장 잘 할 수 있는 말인 '잠보오'를 우리가 시야에서 사라질 때까지 최선을 다해 외쳤다.

오늘 분의 촬영을 마치고 마을을 떠나려는데 뒤에서 아이들 소리가 들린다. 앗! 어제 봤던 개구쟁이들이구나. 어제 이 마을에 들렀을 때 유난히 우리를 쫓아다니던 녀석들이 있었는데 웃는 모습이 하도 해맑아서 기억에 남았다. 어젠 급해서 못 찍어줬는데 오늘은 예쁘게 찍어줄게. 아이들은 받은 사진을 팔랑팔랑 흔들며 우리를 마을 입구까지 쫓아오다가 집으로 돌아갔다.

Brush with Hope – Pwani School

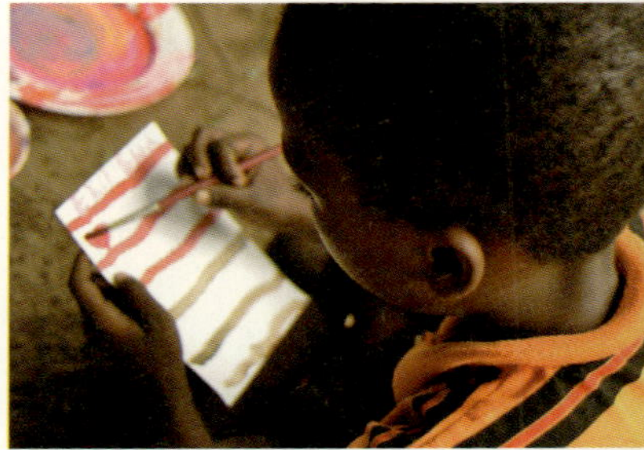

다시 돌아온 Pwani School. 쉬는 시간엔 세 반 아이들이 모두 모여 '무궁화 꽃이 피었습니다'나 '수건돌리기' 같은 게임을 한다. 이 아이들에게 선생님들과 같이 놀이를 한다는 것은 어쩌면 생소한 일인지도 모르겠다. 처음 배우는 놀이에도 열성적으로 참여하는 아이들. 아무리 재미있는 미술수업이라도 수업은 수업인지라 아이들은 쉬는 시간에 더 활기차다.

Brush with Hope 프로젝트에서 하나 아쉬웠던 점은 아이들이 그린 그림을 전시회를 위해 우리가 다 가지고 돌아가야 한다는 것이었다. 물론 전시회를 통해 다음 해 프로젝트를 이어갈 수는 있지만 아이들이 자신들의 그림을 갖지 못한다는 점이 안타까웠다. 그래서 나는 아이들에게 자기가 그림을 들고 있는 사진을 찍어서 주기로 했다. 한 반씩 돌면서 아이들의 사진을 한 장 한 장 찍기

시작했다. 세 반의 아이들 30여 명의 사진을 다 찍고 아이들이 못 보게 멀리 떨어져서 자연스럽게 나온 사진을 고르고 인화했다. 그렇게 사진이 다 인화가 되고 아이들에게 깜짝 선물을 해줄 시간. 내가 뽑아준 사진들을 순서대로 받아가는 아이들. 아마 내가 사진 찍을 때만 해도 본인이 그 사진을 갖게 될 거라는 생각은 못 했을 것이다. 뜻밖의 선물에 기뻐하는 아이들의 표정을 보면 잠깐의 수고는 금세 잊게 된다.

수업이 끝나고 건축팀 현장에 잠시 들렀을 때. 한 소녀가 동생을 업고 맨발로 걷는다. 해가 질 때까지 일하는 어머니. 이 마을 사람들의 일상

Brush with Hope – Excellent School

Brush with Hope의 넷째 날. 오늘은 처음으로 Excellent School에 갔다. Pwani보다 학교 부지는 좁았지만 건물이나 시설이 조금 더 갖춰진 학교였고 무엇보다 학생들이 교복을 입고 있는 게 눈에 띄었다. 내가 학교에 도착했을 땐 교실은 이미 주황색, 초록색 교복을 입은 아이들로 가득 차 있었다.

카메라를 들고 학교를 한 바퀴 돌았다. 교실이 좁아 들어가서 사진을 찍기가 수월하지 않아 보였다. 수업에 방해가 되고 싶진 않아 밖에서 서성거리다 옆 교실에 고개를 내밀었다. 수학수업을 하던 현지 선생님과 눈이 마주쳤다. 그가 내게 손짓을 한다.

"애들 한 번 가르쳐 보시죠."

"…네? 제가요?"

뜻밖의 제안에 생각할 틈도 없이 분필을 건네 받았다. 지루한 수업 시간에 재미있는 건수가 생기자 아이들의 표정에 장난기가 돈다. 나는 받은 분필을 만지작거리며 그 앞에 멋쩍게 섰다.

가장 앞에 앉은 아이의 수학책을 힐끔 내려다보니 이제 막 구구단을 넘어서 곱셈문제를 풀고 있었던 것 같다. 올림이 안 생기는 곱셈문제를 칠판에 적었다. 212 × 4. 아이들은 문제도 다 적기 전에 코웃음을 친다. 오호 좋아. 난이도를 좀 더 높여봐야겠다. 348 × 5. 어떠냐? 아까보다 적은 수의 아이들이 손을 든다. 가장 손을 높이 든 아이를 지목했다. 그런데 호기롭게 친구들 사이로 걸어 나온 이 친구, 칠판 앞에 서자 아까의 패기는 어디 갔는지 그만 얼어버리고 만다. 눈치 챈 다른 아이들이 득달같이 손을 든다. 나는 아예 문제를 세 개씩 적어놓고 아

이들을 불렀다. 중간에 머뭇거리는 아이들에게 슬쩍 힌트를 줘가며 문제를 풀게 하고 마지막엔 다 같이 박수를 보냈다. 시간제 교사로 임무를 완수한 것 같아 다시 분필을 넘겼다. '케냐'에서 '영어'로 '수학'을 가르쳐 본 '한국인'이 몇 명이나 있었을까.

이 학교의 건물은 복도가 있고 교실 문을 열고 들어가면 앞에 칠판이 있는 우리가 생각하는 그런 학교 건물과는 거리가 있다. 독채의 건물에 칸막이를 만들어 네 귀퉁이를 교실로 만든 것 같은 구조에 외벽은 만들다 만건지 아니면 중간에 부서진 건지 반쯤은 허물어져 있다. 비가 오면 수업은 어떻게 하나 걱정은 돼도 건물을 한 바퀴 돌면 모든 교실을 들여다 볼 수 있어 그건 좋다.

코너를 살짝 돌아 다시 찾아간 미술반에는 아까와 다른 기운이 감돈다. 아이들은 웃음을 곧 터뜨릴 것 같은 얼굴로 무언가를 주시하고 있다. 그 시선을 따라가니 선생님 앞에 고개를 들고 앉아 있는 존이 보였다. 같은 반 친구들에 비해 키가 작고 얌전한 남자아이다. 선생님은 조심스럽게 존의 얼굴에 붓을 대고 그림을 그리고 있다. 존의 얼굴에 더 이상 칠할 곳이 없어지자 선생님은 붓을 뗐고 존이 고개를 돌려 친구들을 보자 참았던 웃음들이 터진다. 존은 자기 얼굴이 어떤지도 모르면서 같이 웃는다.

아이들은 둘씩 짝을 지어 서로의 얼굴에 낙서를 하기 시작했다. 처음엔 존의 얼굴을 보고 따라 그리던 아이들이 무언가를 터득한 듯 이내 더 기발하고 우스꽝스러운 작품들을 내놓는다. 서로 삿대질을 해가면서 웃는 아이들 사이로 입술에 립스틱을 바른 아이가 나타나자 상황이 한번에 정리됐다. 그리고 더 이상 그릴 얼굴이 없어질 무렵, 선생님

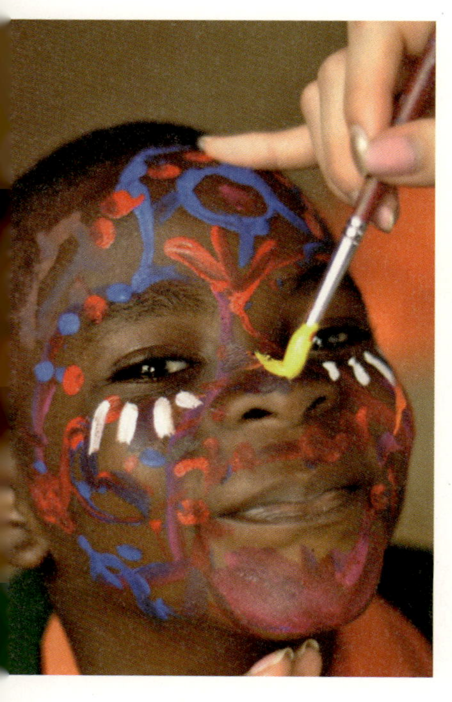

들은 자신들의 얼굴에도 그리도록 허락했고 아이들은 이때다, 하고 달려든다.

어제처럼 자기가 그린 그림을 들고 있는 아이들의 모습을 찍어주려고 했는데 아이들의 총천연색 얼굴을 보고는 생각이 바뀌었다. 그냥 그 얼굴 자체로 충분할 것 같다. 한 명씩 돌아가면서 사진을 찍었다. 어제 Pwani School에서 그림을 들고 있는 아이들을 찍을 때만 해도 카메라 앞에서 표정이 굳은 아이들이 있어 내가 갖은 재롱을 떨어가며 아이들을 겨우 웃게 만들었는데 지금은 그럴 필요가 없다. 이미 얼굴에 미소를 이만큼 가지고 있는 아이들은 카메라 앞에 서도 너무 자연스럽다.

수업이 마무리 될 즈음 선생님들은 아이들을 위한 필살 아이템을 꺼냈다. 바로 어린이들의 대통령 캐릭터 모양의 비눗방울! 비눗방울을 가지고 놀기엔 좀 나이가 있는 아이들도 있었는데 이렇게까지 좋아할 줄은 몰랐다. 한 아이가 높은 곳에 올라가 비눗방울을 불면 그 아래에는 그걸 터뜨리려는 아이들이 펄쩍펄쩍 뛴다. 학교는 비눗방울로 그냥 완전 난장판이 돼버렸다. 하지만 인원수대로만 가져오는 바람에 프로그램에 참여하지 않는 다른 반 아이들은 구경만 할 뿐 비눗방울을 갖지 못했다. 곧 울어버릴 것 같은 표정으로 하나만 달라는 아이를 마주할 땐 정말 만들어서라도 주고 싶었다. 대신 사진을 찍어주겠다고 하니 마음이 좀 풀리는 듯 카메라를 보고 밝게 웃어준다. 고맙다.

제일 마지막 사진의 남자는 현지 자원봉사자이다. 본인의 커리어를 위함이 아닌 아이들을 진짜 사랑하는 마음으로 함께한 참가자였다. 지금 이 시간과 그 마음을 기억했으면 하는 바람으로 그에게도 사진을 선물했다.

수업이 끝나고 아이들도 떠나간 후. 차를 기다리는데 학교 옆 들판에 언니 오빠를 기다리고 있는 듯한 꼬마아이가 보였다. 혼자서 열심히 풀과 흙을 장난감 삼아 노는 아이에게 다가가 봤다. 나의 관심에도 시큰둥한 이 공주님. 자기 모습이 담긴 사진을 받아보자 그제야 살짝 미소를 보인다.

Brush with Hope – Smart Junior School

금요일, 마지막 학교인 Smart Junior School을 방문했다. 어제 갔던 Excellent School에서 고작 몇 백 미터 떨어진 곳에 있는 전혀 다른 분위기의 학교다. 학교 입구에서 건물까지 가기 위해서는 축구장 크기의 넓은 잔디 공터를 가로질러야 했고 그 주위를 키 큰 야자수들이 감싸고 있었다. 야자수 그늘 아래엔 몇 아이들이 무언가를 작당 중이다. 운동장엔 어디서 튀어나왔을지 모르는 두 녀석의 서로 쫓고 쫓기는 추격전이 한창이다. 한마디로 면학분위기와는 거리가 먼 학교로 보였다.

밖은 저래도 교실 안은 역시나 진지하다. 내가 교실에 들어가도 아이들의 눈길 한번 받기가 힘들 정도니까. 선생님들은 몸을 낮춰 아이들의 눈을 맞추고 아는지 모르는지 고개를 끄덕이는 아이들은 요만한 손으로 붓을 쥐고 뭔가를 끄적인다.

교실 뒤에 서 있다가 흙벽 사이로 난, 창문이라고 하기에도 민망한 구멍 사이로 한 아이와 눈이 마주쳤다. 미술수업이 궁금했는지 그 사이로 힐끗 구경하고 있다가 나와 눈이 마주치자 쑥스럽게 웃으며 올린 까치발을 쏙 내려 사라졌다. 괜찮다고 얘기해 주고 싶어 교실 밖으로 나갔는데 밖에서 나를 기다리고 있던 건 한 명이 아니었다. 서너 명의 아이들이 나를 보자마자 '잠보' 하고 달려든다. 그래, 너도 잠보, 너도 잠보. 이렇게 해맑은 아이들을 보면 저 짧은 인사말에 내가 생각한 것보다 더 많은 의미가 담겨 있는 것만 같다. 우리가 이 아이들에게 뭘

주겠다고 온 걸까. 저 미소만 봐도 우리가 받은 게 더 많은 것 같은데.

내 앞에서 잠보를 외치던 아이들이 사라지자 햇볕을 피해 건물 안으로 들어왔다. 뙤약볕에서 애들하고 잠깐 놀았다고 금세 진이 빠졌다. 어디라도 좀 시원한 곳에 앉아 있고 싶다. 창고 같은 교실 사이를 비집고 다니다가 무엇인가를 발견하고는 화들짝 놀랐다.

새 하얀 발바닥들이다. 얇은 발목 위로 무릎이 구부러져 있다. 그 옆엔 친구가 누워 있다. 먼지가 폴폴 날리는 교실의 얇은 멍석 위에서 그렇게 거짓말처럼 자고 있는 아이들이다. 춥지도, 불편하지도 않은지 뒤척이는 아이 하나 없다. 저러고 잘 수 있을까 싶어 가까이 가보니 새근새근 소리까지 내고 있었다. 제대로 갖춰진 거 하나 없는 골방에 쓰러져 있는 거리의 아이들 같아 딱해 보이다가도 서로를 베고 체온을 나누며 예쁘게 잠들어 있는 천사들 같기도 하다.

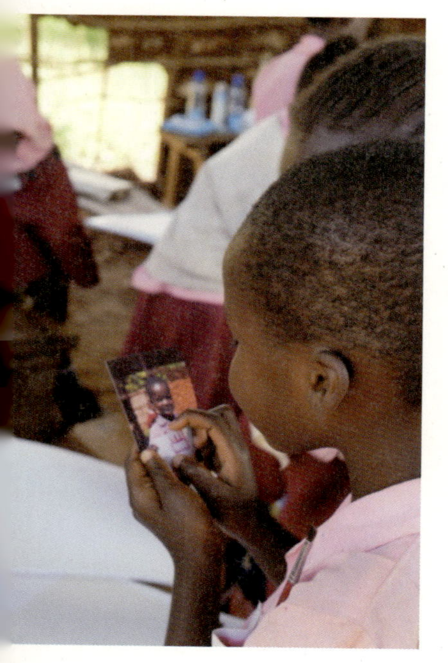

Brush with Hope의 모든 정규 수업이 마친 오후엔 작은 행사가 열렸다. 아이들이 우릴 위해 준비한 발표회였다. 전교생이 운동장으로 나와 손바닥 만한 의자에 앉고 한 팀씩 나와 합창을 하고 연극을 하는 게 우리나라의 학예회와 별반 다르지 않았다. 그런데 잠시 후 조금 다른 장면이 연출된다. 아이들이 나와서 노래를 부르며 춤을 추더니 우리 선생님들을 한 명씩 끌어내 춤을 추게 하는 것이었다. 누구라도 한 명 내빼지 못하도록 주위를 촘촘하게 둘러쌌다. 여기서의 학예회는 학생들이 준비한 것을 발표하는 것을 넘어서 선생님과 학생들이 함께 노는 자리였다.

축제는 축제고 종례는 종례다. 한 아이가 학교 건물로 뛰어 들어가 종을 울리니 아직 흥이 가시지 않은 아이들이 지정된 장소에 전부 집합했다. 놀랍게도 그 까불이들이 전부 입을 닫고 줄을 맞춰 정렬한다. 너무 까불어 얄미울 정도였던 녀석도 이 순간만큼은 얼굴에서 장난끼를 찾기 힘들다. 아이들이 사열대 앞에 선 군인처럼 변해 정적이 흐르니 교감선생님쯤 되어 보이는 분이 등장했다. 아무 감정 없는 표정으로 툭 내 뱉으셨다.

"How are you?"

퉁명스러운 말투에 아이들이 기다렸다는 듯이 합창한다.

"Fine. Thank you. How are you, teacher?"

뭐지, 이 한국 중학교 교과서에나 나올 법한 인사는? 기계적으로 안부인사를 주고받는 걸 보고 내가 당혹해하는 사이 선생님은 아이들에게 공지사항을 전달하신다. 정해놓은 답변대로 인사말에 대답해야 하는 상황도 웃기지만 아이들이 질세라 목청을 높이는 모습이 얼마나 귀엽던지 동영상을 찍어두지 않은 게 지금도 아쉽다.

종례까지 끝나고 정말로 마지막 순간이 와버렸다. 그새 정들었지만 헤어져야 하는, 살면서 무수히 맞닥뜨려 왔던 순간이 또 온거다. 하지만 이번엔 어린아이들이다. 아이들이 울면 어쩌나 프로젝트가 시작하면서부터 마지막 날을 걱정하던 선생님들이었다. 그런데 괜한 생각이었을까. 우리 모두의 걱정 혹은 기대와는 달리 눈물을 보이는 아이들은 한 명도 없었다. 이제 영영 못 볼 미술선생님보다는 새로 받은 스케치북에 더 관심이 있는 아이들은 해맑게 손을 흔들며 매정하게 하나둘 학교를 떠났다. 자기도 울어버릴까 걱정된다던 선생님들의 힘없는 손이 굉장히 무안해 보였다. 헤어짐을 알기엔 아직 어린아이들이다.

눈물의 이별이 없어 마지막이 다가왔음을 모르던 우리는 한국에서 어렵사리 가져온 현수막을 들고 단체사진을 찍고 나서야 조금은 실감한다. 수개월 전부터 팀을 짜고 커리큘럼을 만들고 필요한 물자를 구입했던 모든 노력이 5일만에 모두 소모되었다. 이 짧은 시간을 통해 아이들의 마음엔 무엇이 생겨났을까. 고민의 결과물을 머리에 담고 또 그 많은 짐들을 나누어지고 케냐행 비행기를 탄 우리의 마음엔 무엇이 남았을까.

우리가 부디 씨앗을 뿌렸길. 땅속 깊이 자리를 잡았는지 바람에 흩날려 사라졌는지 지금은 보이지 않는 씨앗. 그래서 내년에 또 이곳에 올 다른 사람들은 조그만 새싹을 볼 수 있길. 새싹이 자라 나무가 되고 열매가 되어 결국 우리가 다시 이곳에 올 필요가 없어지길.

탄자니아

AFRICA

탄자니아

처음 만나는 인도양, 잔지바르

케냐 몸바사에서 탄자니아 잔지바르로 넘어가는 50인승 비행기의 탑승객은 다섯 명 정도였다. 늘 자리가 남아서인지 승무원 좌석도 따로 없나보다. 혼자 일하는 승무원은 맨 뒤 승객석에 자리를 잡는다. 이래 가지고서야 수지가 맞으려나…. 하고 쓸데없는 남 걱정을 하며 잠이 들었다. 비행기는 40분 간의 짧은 비행 끝에 잔지바르 공항에 무사히 착륙했다. 여기는 아프리카의 세 번째 국가, 탄자니아다. 50달러를 내고 탄자니아 비자를 받아 입국심사를 통과했는데, 몸바사 공항에서 잠깐 얘기를 나눈 미국인 아저씨가 자기는 100달러를 냈다며 옆에서 투덜거린다. 50달러면 내가 앞으로 갈 나라들의 비자와 비교해도 비싼 편인데 옆 사람이 100달러를 냈다니 괜히 기분이 좋다. 한국여권 참 좋다니까. 이제 짐을 찾아야 한다. 짐 찾는 곳에는 그냥 나무로 된 선반만이 승객들을 기다릴 뿐 컨베이어 벨트 따윈 없다. 띄엄띄엄 놓인 짐들 사이에서 새파란 배낭커버를 찾기는 어렵지 않다. 커버를 벗기고 둘둘

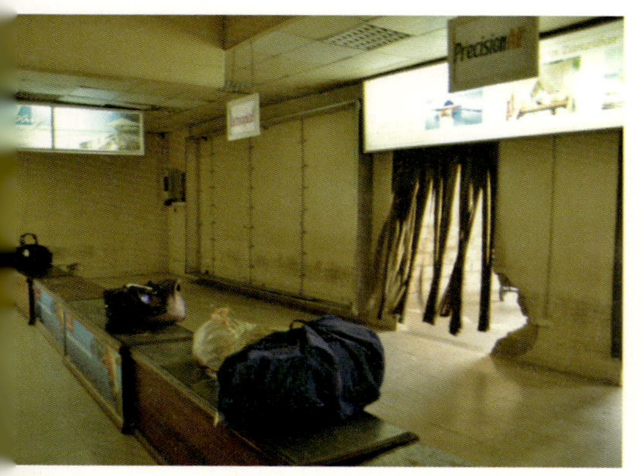

짐 찾는 곳

말아 배낭에 쑤셔넣고 배낭을 들었다. 매번 메는 가방인데도 멜 때마다 무겁다. 이대로 혼자 배낭 메고 나갔다간 호객꾼들에게 둘러싸일 게 뻔해 앞에 가는 여자 관광객 둘에게 택시를 나눠 타자고 제안했다. 자기네들끼리 쑥덕쑥덕 하더니 오케이. 일단 숙소까지는 무사히 갈 수 있을 것 같다.

한 나라의 여행을 막 시작할 때, 첫날 숙소만큼은 미리 예약을 하던지 아니면 이름이라도 알아둬야 마음이 편하다. 잔지바르에 도착하기 전에 알아뒀던 카리부 인(Karibu Inn). 다행히 기사 아저씨는 위치를 알고 있었고 나는 총 택시비의 1/3을 그 친구들에게 쥐어주고 차에서 내렸다. 내릴 때도 지들끼리 얘기하는 걸 들었는데 아마 '돈 제대로 줬나 봐봐' 였을 것이다.

내리자마자 눈에 들어온 것은 바로 하얀 건물들. 여기가 스톤타운이구나. 차에서 내려 숙소까지의 약 50m 정도를 걷는 동안, 그 짧은 몇 걸음 사이에 내가 어제와는 다른 나라에 있다는 사실을 새삼 느꼈다. 같은 아프리카, 비슷한 외모의 사람들이지만 사람들이 입고 있는 옷이나 장신구, 골목의 분위기만 봐도 아침까지 있었던 케냐와는 많이 다르다.

잔지바르는 탄자니아의 한 섬으로 이슬람 문화권에 속한다. 탄자니아 본토와는 문화적·지리적 환경이 매우 다르며 그렇기 때문에 잔지바르만 여행하고서 탄자니아를 가봤다고 하기엔 무리가 있다. 그렇지만 탄자니아 본토를 건너뛰더라도 꼭 들러야 할 곳이 잔지바르라는 얘기를 하도 많이 들어서 나는 수도 다르에스살람이 아닌 잔지바르행 티켓을 샀다.

스톤타운 골목. 화가들이 팅가팅가 그림을 팔고 있다.

도미토리는 1박에 15불이었다. 딱히 싼 가격은 아니었지만 방에 들어가 깨끗한 침구를 보니 나쁘지 않아 그냥 묵기로 했다. 배낭만 침대에 던져놓고 밖으로 나왔다. 하늘엔 구름이 잔뜩 끼어 있다. 잔지바르에 있는 동안만큼은 날씨가 좋아야 할 텐데.

사진으로만 보던 스톤타운 거리는 실제로 가보니 더 좁고 미로처럼 꼬불꼬불했다. 햇빛이 닿지 않은 벽면에는 팅가팅가 그림이 세워져 있고 그 위로는 전깃줄이 어지럽게 뻗어있다. 코피아 모자를 쓰고 눈을 마주치면 '잠보' 하고 씩 웃어주는 상인들은 굳이 날 붙잡지 않는다. 이쯤되면 "Hey, my friend" 하고 귀찮게 하는 사람들이 나타나야 하는데 아무도 그러질 않으니 도리어 내가 먼저 가서 기웃거렸다. 그렇게 골목 사이를 어슬렁거리다가 수제 슬리퍼 가게를 발견했다. 어제 몸바사에서 신던 쪼리 끈이 끊어져서 새로 하나 사야 했는데 잘됐다 싶었다. 가게로 조심스레 들어가 봤다. 벽면 가득히 가죽 샌들과 슬리퍼가 진열되어 있다. '계세요?'를 스와힐리어로 할 줄을 모르니 그냥 쭈뼛쭈뼛 서 있었다. 인기척이 났는지 가게 안쪽 작업실 같은 곳에서 주인 아저씨가 나오셨다. 잔지바르 스톤타운에서 35년간 수제 샌들과 슬리퍼를 만드셨을 것 같은 이 아저씨는 맹수도 때려 잡을 수 있을 것 같은 두툼한 손으로 내게 악수를 청했다. 나는 중학교 교과서에 있었던 '방망이 깎던 노인'이 생각났다. 가게 밖으로 나왔을 땐 나는 장인표 가죽 슬리퍼를 신고 있었고 내 지갑은 이틀 치 숙박비만큼 얇아져 있었다.

새 신을 신고 숙소에 돌아와 그간 온 메시지도 볼 겸 와이파이 사용을 문의했다. 유료란다. 칫. 자칭 IT강국 한국에서 온 내게 인터넷 유료서비스는 너무나 가혹하다. 하지만 아이러니하게도 인터넷을 맘껏 쓸 수 있는 환경에서 지내왔기에 지금 이 순간 인터넷이 더욱 절실하다. 30분 사용료만 지불하고 리셉션에 있던 아저씨한테 휴대폰을 건넸다. 하지만 내가 보지 못하도록 손으로 가리면서 비밀번호를 입력하던 아저씨는 불행히도 한글을 읽을 줄 몰랐다. '암호 보기'를 누르니 '땡땡땡땡'으로 둔갑되어 있던 비밀번호가 알파벳과 숫자로 돌아온 것이다. 그렇게 난 입장료만 지불하고 자유이용권을 얻었다.

매슬로우의 욕구이론 가장 아래 칸에 'WIFI'라는 네 글자가 새로이 자리 잡았다는 얘기는 농담만은 아닌 것 같다. 이 숙소에서 유일하게 와이파이가 되는 로비에는 전 세계에서 모인 사람들이 손바닥만 한 기기를 들여다보며 '생리적 욕구'보다 더 기본적인 욕구를 해결하고 있었다. 나도 그 사이를 비집고 앉아 욕구해결에 동참했다.

자유이용권의 유익은 생각만큼 크지 않았다. 나 같은 백수에게 다급히 답장해야 하는 이메일이 와있을 리 없는 데다가 그나마 와있던 수십 개의 메시지는 대부분 내가 굳이 응답하지 않아도 되는 단체 채팅방에서 나온 것들이었다. 엄지손가락으로 화면을 몇 번 훑으니 겨우

30분이 지나 있었다.

방에 들어와 침대에 늘어져 있으니 그냥 이렇게 하루를 마무리 해버리고 싶지만 그랬다간 새벽 1시 반쯤 주린 배를 부여잡고 깰게 뻔하다. 자리를 박차고 일어나 숙소 밖으로 나왔다.

발을 뗀지 몇 분 만에 바닷가가 보이더니 잔지바르의 명물 먹거리 야시장이 나타났다. 숙소에서 고작 5분 거리에 있었다니 진작 와볼걸 그랬다. 해만 떨어졌을 뿐 아직 이른 시간이라 야시장은 사람들로 붐빈다. 각종 해산물 구이와 그 유명한 잔지바르 피자 등 갖가지 먹거리가 수북이 쌓여 손님을 기다린다. 기다란 요리사 모자를 쓴 점원들의 호객행위는 북적이는 분위기 속에서 홀로 표류하는 나를 찾아온 유일한 관심이었다. 그 사실을 깨달으니 귀찮기는커녕 고맙기까지 했다. 점원과 몇 마디를 주고 받으며 그 유명하다는 잔지바르 피자를 먹었다. 파자라기보다는 빈대떡에 가까웠는데 입맛에 그럭저럭 맞았지만 2개, 3개를 먹고 싶을 정도는 아니었다. 어쨌든 저녁식사도 했으니 이제 커피를 마셔야겠다.

"한 잔에 얼마예요?"

"3,000실링."

"Three thousands? Let's do two."

"Okay."

2,000실링으로 깎아달라는 의미로 어디서 주워들은 영어를 써먹었다. 하지만 잘 알아들었으리라고 생각한 것은 나의 완전한 착각이었다. 테이블에 앉아 야시장의 왁자지껄한 분위기와 밤바다의 고요함을 동시에 느끼며 감상에 젖어있는데 다가오는 종업원의 쟁반에 올려져 있는 커피 두 잔.

"왜 두 잔이야? 나 한 잔 시켰는데?"

"네가 아까 two라고 했잖아."

"………"

망했다. 2,000실링으로 해달라는 얘기를 두 잔을 주문한 것으로 알아들은 것이다. 너무 쉽게 1,000실링이나 깎아준다고 했을 때 눈치챘어야 했다. 다행히 내가 말한 two의 의도를 잘 설명함으로써 한 잔 값만 내고 상황을 모면할 수 있었다. 물론 가격은 원래대로 3,000실링. 하지만 가격 좀 못 깎으면 어때. 잔지바르 노천카페에서 이렇게 호사를 부리는데. 아무래도 잔지바르에 온 첫날부터 나는 이 섬에 완전 사로잡힌 것 같다.

잔지바르 – 돌핀투어

잔지바르에서의 둘째 날. 어제 예약을 해둔 돌핀투어를 가는 날이다. 돌핀투어는 배를 타고 바다에 나가 돌고래를 보고 바다에 들어가 돌고래랑 같이 수영을 할 수 있다는, 약간은 미심쩍은 관광상품이다. 숙소에 비치된 안내책자에는 한 여자가 양손으로 돌고래 두 마리의 지느러미를 한쪽씩 잡고 잔인하게 웃고 있었다. 놀랍게도 난 그걸 보자마자 하고 싶다는 충동이 들었고 바로 리셉션으로 가서 예약금을 지불했다.

투어회사에서 딱 8시에 맞춰 나를 데리러 왔고 조금 더 가서 다른 일행을 태웠다. 독일에서 온 커플과 한국 남자 한 명. 얼굴을 보니 어제 야시장에서 '저 사람 한국 사람인 것 같은데' 하고 생각했던 사람이다. 물론 그도 나를 보며 그렇게 생각을 했겠지. 또래 같아서 통성명을 하니 나보다 3살 어린 동생이었다. 이름은 김황. 11개월간의 세계 일주 중 4개월째 여행 중이며 나와는 반대로 남아공부터 아프리카 여행을 시작해서 트럭킹을 마치고 쭉 올라와 잔지바르까지 온 친구였다. 20대 남자 둘이 처음만나 인사를 하다 보니 대화는 불과 수 분 만에 군대 얘기로 귀결됐다. 알고 보니 같은 공군 출신이라 같이 아는 사람도 있고 해서 이야기는 급물살을 타고 어느덧 형, 동생 하는 사이가 됐다. 그러는 사이 우리가 탄 투어차량은 잔지바르의 남쪽 해안가에 다다랐다.

어제와 달리 맑은 하늘 아래의 잔지바르 해변은 눈이 부시다. 바다는 청록색과 에메랄드색으로 층을 나누어 반짝거리고 있었고 그 위엔

배에 타기 전 해변가의 아이들. 카메라를 향해 스스럼없이 미소를 지어주고 사진을 받으면 환하게 웃는다.

파란 하늘이, 그리고 그 하늘에는 구름이 옅게 칠해져 있다. 해안가엔 하얀 나무배가 파도에 작게 일렁인다. 습하고 더운 바람조차 상쾌하게 느껴진다. 이 모든 게 그림 같아 황이와 연신 감탄사를 주고받으며 셔터를 눌렀다.

투어회사 직원에 안내에 따라 물안경을 고르는데, 콘택트렌즈를 안 가져온 게 생각났다. 안경을 벗으면 생활이 불가능할 정도로 시력이 나쁜 나는 렌즈 없이 물안경만 썼다간 돌고래고 뭐고 물만 먹다 올게 뻔했다. 이미 30불이라는 거금을 지불한 상태니 다시 돌아갈 수도 없다. 그나마 깨끗한 수경을 골라잡고 배에 올랐다. 우리를 태운 통통배는 바다를 가르며 20여 분을 달려 돌고래 출몰지역으로 보이는 바다 한복판에 멈췄다. 바다는 육지에서 볼 때와 또 다른 색이다. 육지에서 뻗어오는 구름은 바다로 팔을 벌리고 있다. 바다와 하늘만 봐도 이렇게 좋은데 여기에 돌고래까지 나타난다니. 숨죽여 돌고래를 기다렸다. 그때 뱃사공이 손으로 한쪽을 가리킨다. 돌고래다. 처음엔 한 마리만 모습을 보이다가 곧이어 여러 마리가 지느러미를 수면 위로 드러냈다. 우리는 일제히 바다로 뛰어들었다. 정신 없이 돌고래 지느러미를 쫓아가려고 헤엄을 쳤다. 가끔은 돌고래가 사람들한테 다가와서 놀아주기도 한다는데 우리가 만난 녀석들은 아니었나 보다. 돌고래들은 금세 시야에서 사라졌고 구명조끼도 없이 물에 떠 돌고래가 나타나길 기다리려니 체력은 순식간에 떨어졌다. 게다가 갑자기 높아진 파도에 겁이 나기 시작해 후다닥 보트 위로 올라왔다. 몇 분만에 이렇게 지쳐버리다니. 배에 올라와 숨을 가다듬고 주위를 둘러보니 우리 주위에 떠 있던 배들은 전부 사라지고 바다 한복판에 우리만 덩그러니 남아 있었다. 가이드는 오늘따라 파도도 높고 바다에 우리만 있으면 긴급상황에서 도움을 요청할 수 없으니 이만 돌아가는 게 어떠냐고 사람들에게 물었다. 물속에서 체력을 몽땅 뺀 사람들은 숨을 헐떡이며 고개를 끄덕였고 그렇게 돌핀투어는 허무하게 끝이 났다.

다시 스톤타운에 돌아와 어제 길거리에서 산 유심칩을 등록하러 통신사 사무실에 찾아갔다. 통신사 사무실인지 시장통인지 모를 정도로 사람이 바글바글하다. 아프리카에서 지낸 지 한 달. 이런 공공기관이나 여행사 사무실을 찾아갈 때마다 느낀 것은 도대체 누가 누군지 모르겠다는 거다. 누가 경비원이고 누가 그의 친구인지, 누가 안내원이고 누가 손님인지 도대체 알 수가 없다. 유니폼 같은 건 당연히 없고 우리나라 은행처럼 "무엇을 도와드릴까요" 하고 다가오는 사람도 없다. 그냥 멀뚱멀뚱 있다가 눈치껏 행동해야 한다. 여기서도 마찬가지. 아무나 붙잡고 물어물어 한 창구에 줄을 섰다. 담당하는 아주머니는 영 못 미더워 보인다. 정식 직원인지 아니면 그냥 누구 대타로 일봐주는 사람인지도 모르겠고 내 차례가 왔는데도 계속 기다리라고만 한다. 그렇게 사람을 한참이나 세워두고 한다는 말이 내 유심칩이 잘못됐으니 1,000실링을 더 내라는 거였다. 우여곡절 끝에 500실링을 충전해서 데이터를 쓰게 됐는데 터질 때보다 안 터질 때가 더 많다. 아, 힘들다.

오후에 다시 황이를 만나 음료 하나만 시키고 하루 종일 수영장을 써도 눈치를 안 준다는 호텔엘 갔다. 천장이 있어 햇빛을 피할 수 있고 사방이 트여 있어 바람도 맞을 수 있다. 수영장 옆 테이블을 하나 잡고 노트북을 켰다. 아무

계획 없이 아프리카를 한 달을 여행하고 보니 슬슬 아프리카 이후의 여행도 생각을 해봐야 할 것 같다. 그렇게 두어 시간 같은 자리에 앉아 이후의 여행을 구상하고 비행기표도 구입했다. 생각보다 싸진 않았지만 그래도 미리 사놓으니 마음이 놓인다. 요즘엔 이렇게 아프리카에서도 편하게 무선인터넷을 이용할 수 있지만 인터넷이 없던 시절엔 도대체 어떻게 비행기표를 사고 어디서 여행정보를 얻었을까.

능귀 비치

내가 묵는 방은 통로 쪽이라 복도에서 나는 소리가 방까지 바로 들린다는 게 단점이다. 어제 한국 단체 관광객이 들어왔는데 아침 이른 시간부터 1층 복도에서 어찌나 큰 소리로 사람을 부르고 웃고 떠드는지 귀에 쏙쏙 들어오는 한국말에 아침잠을 다 설쳤다. 눈이 떠진 김에 아예 일찍 일어나 짐을 챙겼다. 오늘은 잔지바르 북쪽 해변인 능귀로 가는 날이기 때문. 황이와 아침 10시에 만나서 같이 달라달라를 타고 가기로 약속을 해놨다. 그 전까지 시간이 좀 남아 며칠 후 다르에스살람으로 가는 페리 티켓을 사러 선착장으로 향했다. 이곳에 온 지 3일째. 고작 만으로 이틀 있었을 뿐인데도 긴장이 풀렸는지 길거리의 사람들을 보고 카메라를 꺼내길 주저하지 않는 내 모습을 발견한다.

스톤타운 앞바다엔 많은 배가 정박되어 있었고 배들을 따라 걸으니 터미널을 찾기는 어렵지 않았다. 사람들로 북적이는 매표소 앞 나는 사람들 사이를 비집고 들어가 줄을 섰다. 내 앞에 한두 명 정도는 대놓고 새치기를 했지만 이런 사소한 일에 신경을 쓰다 보면 화병 돋아서 여행을 즐기기 어렵다는 것이 지난 한 달간 아프리카에서 지내며 배운 교훈이다. 모든 일에 그러려니… 하는 것이 나를 위해서도 그들을 위해서도 좋다. 그렇게 구한 페리 티켓! 비행기 보딩패스처럼 이름, 목적지, 출발시간 심지어 내 국적까지 써 있어 꽤나 그럴듯하다.

그래도 시간이 남아 골목 여기저기를 기웃거리던 내 눈앞에 우체국이 나타났다. 그래, 나이로비에서 못보낸 엽서들을 지금 보내면 되겠다! 한국에서는 엽서는커녕 손글씨 쓸 일 자체가 거의 없었는데 이상하게 한국을 떠나 이 먼 곳에 오니 가족, 친구들에게 자주 엽서를 쓰고 싶어진다. 역시 창작의 원동력은 결핍인가. 조선말 '우정국'을 연상시키는 우체국은 썰렁했다. 그나마 있던 우체국 직원은 또 왜 이렇게 불친절한지. 내가 잔돈이 없다니까 혼자서 성질을 내면서 거스름돈을 던지다시피 건넨다. 탄자니아의 공공기관 직원 채용기준에 의문을 품으며 우표에 풀질을 했다. 끝까지 있는 힘껏 불친절한 그녀를 보며 저 정도면 차라리 친절하고 말겠다 싶다. 그래도 엽서까지 부치고 나니 할 일을 다 한 것 같아 마음은 가볍다.

황이를 만나 달라달라 정류장까지 걸었다. 능귀까지 가는 차를 찾아 차 위에 짐을 올렸다.

"능귀 비치? 1인당 4,000실링이야."

운전기사가 대놓고 바가지를 씌우려고 한다. 누굴 호구로 보나.

"웃기지마. 우리 2,500인거 다 알고 왔거든."

라고 면박을 줬더니 '들켰네?' 하는 표정을 지으며 배시시 웃는다.

"그래. 그럼 2,500씩만 내."

그의 천진한 뻔뻔함에 어이가 없어 피식 웃음이 났다.

처음 타보는 달라달라. 에티오피아에서 탔던 미니버스보다 더 크고 넓지만 그 안에서의 인구 밀도는 비슷하다. 다만, 창문이 없고 옆이 뻥 뚫려 있어 시원하다. 스톤타운만 벗어나니 바로 시골 풍경이 펼쳐졌다. 바람은 시원하고 차 안은 좁다. 햇볕은 따스하고 의자는 불편하다. 좋은지 나쁜지 모를 기분으로 꾸벅꾸벅 졸며 능귀에 도착했다. 한국으로 치면 읍내 정도로 보이는 마을에 내려 해변까지 걸었다. 그렇게 모습을 드러낸 능귀 해변. 듣던 대로 아름답다.

이런 풍경이 바로 앞에 펼쳐진 40불짜리 더블룸에 황이와 함께 짐을 풀고 바로 바다로 뛰어들었다. 얕은 곳에서는 내 발이 훤히 보일 정도로 물이 맑고 꽤 멀리 들어가도 물이 많이 깊진 않다. 그렇게 잠깐 몸을 식

히고 물을 뚝뚝 흘리며 바로 앞 레스토랑에서 레모네이드 한 잔 시켜 한 모금 넘기니 비로소 휴양지 잔지바르의 진면목과 만나는 순간이다.

해변을 따라 능귀 비치를 지나 켄드와 비치까지는 걷는 길. 도저히 걸음을 재촉할 수가 없었다. 몇 걸음 걷다가 멈춰서 주변을 돌아보고, 또 몇 걸음 못 가 카메라를 들고. 저 멀리엔 뱃사공이 긴 막대기로 노를 젓고 내 앞엔 모래사장에 그림을 펼쳐놓고 파는 상인이 있다. 왠지 모르게 인도양에만 있을 것 같은 돛단배가 노을에 반짝이는 바다 위를 거닌다. 날이 저물자 젊은이들이 나와 해변에서 공을 찬다. 그 모든 것이 너무나 자연스러운데 믿어지지 않을 만큼 아름다웠다. 나의 휴가와 그들의 일상은 그곳에 그렇게 같이 있었다.

태어나서 처음 겪는 일이었다. 휴대폰 알람소리도 아니고 엄마가 돌리는 청소기 소리도 아닌 파도소리에 잠을 깼던 것은. 눈은 계속 감겼지만 얼른 문을 열고 나가보고 싶었다. 어제와는 다른 모습이다. 하늘에는 구름이 잔뜩 끼어 있다. 어제 봤던 에메랄드빛 바다는 아니지만 그래도 좋다. 아니 차라리 현실적이라서 더 좋다.

카메라만 달랑 들고 모래사장을 걸었다. 방 문만 열면 1m 앞부터 모래사장이니 멀리 갈 것도 없다. 부는 바람을 맞으며 그냥 걸었다. 어디쯤엔가 앉아 바다 위에 둥둥 떠 있는 배들을 찍으려 할 때였다. 내 뷰파인더로 코피아 모자를 쓴 한 노인이 들어온다. 그는 천천히, 아주 천천히 모래사장 위를 걷는다. 그리고는 이내 지쳤는지 백사장에 버려진 나무배 끄트머리에 걸터앉는다. 그 노인의 한 걸음 한 걸음, 그리고 나

무배에 앉아 쉬는 모습 그 한순간 한순간은 마치 느린 시간 속에 있는 것만 같다. 나는 제3자가 되어 그 느릿한 순간을 지켜본다. 어쩌면 이 노인은 잔지바르에서 태어나 평생 이 섬에서 살았을 지도 모르겠다는 생각이 들었다.

어제 예약을 해놓은 스노클링을 하기 위해 부스를 찾았다. 배를 타고 바다로 나가 '냄바'라는 섬 근처에 있는 다이빙 포인트에서 스노클링을 할 계획이었다. 차액을 지불하고 장비를 고른 다음 배를 기다렸다. 돌핀투어에서의 아쉬움을 만회하기 위해 아침 일찍부터 콘택트렌즈도 착용하고 오리발도 이것저것 신어보고 골랐다. 물안경도 물이 안 새고 딱 맞는 게 느낌이 좋다.

그룹은 10~12명이라고 들었는데 저기 다가오는 배에는 이미 20여 명이 타고 있다. 저들 중에는 다섯 명이 정원인 줄 알고 탄 사람도 있을지 모른다. 배가 해안가로 바짝 다가오지 못해 우리가 첨벙첨벙 걸어 나가 배에 올라야 했다. 덕분에 스노클링은 하기도 전에 이미 바지가 다 젖어버렸다. 찝찝하긴 했는데 그래도 우리와 같이 배에 오른 사람의 젖은 청바지를 보고 위안을 삼았다. 스노클링을 하러 온 사람이 왜 청바지를 입고 왔을까.

바람이 꽤 세다. 해는 구름에 숨었다 나왔다 반복했지만 멀리 보이는 냄바섬에는 햇빛이 드리워져 있는 것 같아 보여서 안심이 됐다. 45분이면 도착한다는 다이빙 포인트는 1시간 반이나 가서야 모습을 드러냈고 날씨는 여전히 오락가락했다. 그래도 일단 도착했으니 바다에 뛰어들어야 한다. 수온이 생각보다 낮았지만 몇 년 만에 해보는 스노클링이라 신나게 헤엄을 쳤다. 물고기들도 좀 보이고 산호초도 있다. 파도도 잔잔해서 물 안에서 편안하게 놀 수 있었다. 중간에 좀 쉬러 배에 올라왔는데 그새 날씨가 잔뜩 흐려져 있어 한기가 느껴졌다. 차라리 물에 있는 게 덜 춥겠다 싶어서 다시 물에 뛰어들었다. 그렇게 왔다 갔다를 몇 번 하다 보니 이젠 이가 갈린다. 배에 올라와 수건으로 몸을 닦고 옷을 입었다. 패기 좋게 헤엄치던 사람들도 하나둘 물에서 올라와 춥다고 호들갑을 떤다. 한산하던 배 안에 북적북적 해지니 이제는 비가 쏟아진다. 한두 방울 '툭툭'이 아니라 '쏴아아'였다. 바다에 남아 있던 한둘 마저 허겁지겁 배에 올라오고 선원들은 커다란 비닐로 배 위를 덮느라 정신이 없다. 오늘도 날씨가 도와주지 않는구나. 그렇게 잔지바르에서의 내 두 번째 바다수영도 끝이 났다.

점심은 바로 옆에 있는 다른 섬에 준비가 되어 있었다. 섬이 워낙 많으니 스노클링은 이 섬에서 즐기고 점심은 저 섬에서 먹고, 뭐 그런건가. 식사를 마치고 배가 다시 출발할 때까지 시간이 꽤 남아 사진도 많이 찍고 해변도 거닐었

다. 여행을 하다 보니 매일매일이 새롭다거나 혹은 순간순간이 행복하다고 느끼진 않는다. 여행이 길어질수록 오히려 아름다움에 대한 일종의 불감증 같은 게 조금씩 생겨 새로운 것을 봐도 여행 초기보다는 시큰둥해지기 마련이다. 하지만 여기 잔지바르에 있는 이름 모를 섬의 해변을 걷는 이때, 나는 다시 초심자가 되었다.

돌아와서는 어제 봐두었던 미용실에 갔다. 에티오피아에서 실패한 브레이드 스타일에 도전하기 위해서. 손님을 한 번에 두 명 정도밖에 받을 수 없는 작은 시골 미용실이었지만 어차피 아프리카에서 머리를 하는데 이왕이면 가장 로컬에서 해보는 것도 나쁘지 않을 것 같다. 길을 물으러 온 여행객쯤으로 생각했던 내가 벽에 붙어 있는 사진 중에 하나를 가리키고 자리에 앉으니 미용실 아주머니도 당황한 표정이다. 그녀는 푸석푸석한 싸구려 실 같은 가짜머리를 가져와 내 눈앞에서 몇 번 쓰다듬더니 이내 작업에 들어간다. 내 머리에 물을 묻히고 옆 머리부터 땋기 시작하는데 머리를 꽉 잡아당기니 꽤 아프다. 내가 '아야!' 하면 옆에서 구경하던 다른 아줌마들은 킬킬 웃는다. 그러면 나도 같이 웃는다.

그렇게 1시간 반이 흘렀다. 점점 불길해지던 느낌은 사실로 판명이 났다. 깔끔하게 땋지 않아 머리는 삐죽삐죽 삐져나오고 뒤로 묶은 부분은 땋아 주지도 않고 그냥 풀어지게 뒀다. 역시 스톤타운에 있는 '뭘 좀 아는' 미용실에 갔었어야 했다. 후회해도 어쩔 수 없다. 이미 이 스타일과 한 몸이 됐으니. 게다가 갑자기 가격을 부풀려서 조금 실랑이도 벌였고 아무튼 좋지 않은 기분으로 미용실을 나왔다. 황이는 내 머리를 보더니 자기는 여기서 안 해야겠단다. 흑.

그렇게 숙소로 돌아오는 길. 골목을 돌아 바다가 보이는 곳에 다다르니 인도양의 석양이 우리의 발걸음을 멈추게 한다. 곧 사라질 것 같은 태양 주위로 구름과 하늘은 섞여 연보라색부터 주황색으로 이어지는 그라데이션을 이룬다. 태양은 눈에 보일 정도로 빠르게 모습을 감추려고 한다. 황이는 카메라를 가져온다며 황급히 방으로 뛰어갔고 그 사이 해는 정말 '꼴깍' 하고 넘어가 버렸다. 해가 수평선 너머로 넘어가는 걸 본 적이 있던가. 없는 것 같다. 난생 처음 보는 일몰을 경험하며 그렇게 능귀에서의 마지막 밤도 지나갔다.

다시 스톤타운

어느덧 7월이 다 가고 8월의 첫날. 다시 스톤타운으로 돌아가는 날이었다. 황이와도 헤어져 다시 혼자가 되는 날이기도 했다. 버스정류장에서 스톤타운행 버스에 올랐다. 자리는 이미 가득 찼는데도 출발을 안 하는 걸 보면 서서 갈 사람들까지 태워 완전 만차를 만들어 출발하려나 보다.

사람들이 버스를 가득 채워갈 때였다. 뒤늦게 아이를 안고 한 아주머니가 버스에 올랐다. 아주머니는 앉을 자리가 없자 두리번거리다가 자기 아이를 앉아 있던 다른 아주머니에게 넘긴다. 그 아주머니 역시 아무렇지도 않게 아이를 받고 마치 자기 아이인 것처럼 조심스럽게 안는다. 아이는 낯선 사람에 품에 안겨서도 울지 않는다.

나도 처음엔 자리에 앉았다가 아이를 안은 다른 아주머니한테 자리를 양보하느라 쭉 서서 가고 있었다. 몇 정거장을 지난 후 앞쪽에 자리가 하나 났다. 그런데 사람들은 굳이 뒤쪽에 서 있는 나를 불러 그 자리에 앉으라고 손짓을 한다. 내가 자리를 양보한 것을 보고 보답하는 마음으로 그런 건가? 아니면 그냥 외국인이라서? 두 번 정도 사양하는 척하다가 냉큼 앉았다. 그런데 옆자리 아줌마가 다리를 쩍 벌리고 내 자리의 절반을 차지하고 있다. 눈알을 굴려 얼굴을 살짝 쳐다봤는데 절대 다리를 치워주지 않을거라는 단호한 표정을 하고 있어 찍소리도 못했다. 다시 시선을 내린 곳엔 의자 반쪽에 가지런히 모여 있는 내 무릎이 있었다.

스톤타운에 도착해서 삐질삐질 땀을 흘리며 오늘 묵을 호스텔을 찾아갔다. 도미토리 1박을 계산하고 짐을 풀러 방에 올라갔는데, 공항에서 비자비 100불 내고 불평하던 미국인 아저씨가 같은 방에 묵고 있었다. 반가움에 인사를 나누고 다시 로비로 내려왔다. 지난번에 묵었던 호스텔과는 달리 여기는 마당이 있어 야외 테이블에 앉아 여유롭게 와이파이를 즐길 수 있다. 주위를 둘러보니 다들 편한 자세로 노트북 혹은 스마트폰을 두드린다. 5년 전만 해도 이 자리에서 쉬는 여행객들의 모습은 지금과 참 달랐겠지. 자리에 앉은 김에 아예 점심까지 해치우려는 요량으로 식사를 주문했다. 식사를 가져온 호스텔 직원이 곤란한 표정으로 말을 건넨다.

"미안한데…. 혹시 여기 말고 건물 안에서 식사를 하면 안될까?"

알고 보니 지금은 무슬림들은 해가 떠 있는 동안은 아무것도 먹지 않는 라마단 기간이었다. 물론 무슬림이 아닌 나 같은 관광객에는 해당 사항이 없지만 그래도 예의상 야외에서의 식사는 삼가는 분위기였다.

"아 그래. 옮길게."

펼쳐둔 노트북과 책을 주섬주섬 챙겨 실내 식당으로 자릴 옮겼다. 라마단 기간에 이렇게 이슬람권에 머물러 보니 이런 일도 겪어본다.

이제 다시 스톤타운을 느껴볼 시간이다. 아프리카 스타일로 바꾼 헤어스타일에 선글라스, 그리고 배낭을 메니 괜히 배테랑 여행자가 된 것 같은 느낌에 혼자 히죽거리며 골목을 걸었다. 지난번에 지나쳤던 골목들을 다시 다니며 사진도 실컷 찍고 호텔에 있는 바에 들어가서 맥주도 한 잔 걸쳤다. 해변가에 있는 벤치에 누워 음악을 들으며 눈도 잠깐 붙이고 우연히 찾은 헤나 가게에서 헤나도 했다.

혼자서 이것저것을 많이 해서 그런지 아주 개운한 기분으로 숙소로 돌아오는 길이었다.

"헬로. 헬로."

골목에서 놀던 아이들이 이상한 머리를 한 외국인이 지나가니 말을 건다. 오, 너희 오랜만이다. 손짓으로 아이들을 부르고 골목 계단에 걸터 앉았다. 카메라를 꺼내니 움찔하는 것 같더니 정작 렌즈 앞에서는 웃는다. 그리고 인화기에서 사진이 쭈욱 나오는 걸 보더니 신기한지 뚫어져라 쳐다본다.

케냐 몸바사 이후 아이들을 만날 기회가 없어서 아쉬웠는데 이렇게 스톤타운 골목에서 아이들에게 둘러싸여 있으니 반갑기도 하고 그간 만났던 아이들이 생각나기도 했다.

아이들은 사진을 한 장씩 받더니 카메라 앞에 다시 선다. 또 찍어달라는 거다. 그래서 사진을 또 찍어주고 보여주고, 또 찍어주고 보여주고. 그렇게 꼬마들과 놀고 있으니 지나가던 관광객들도 엄지손가락을 치켜세운다. 얘들아, 나 이제 가봐야 해. 자리를 털고 일어나자 아이들도 받은 사진을 든 손을 팔랑거리며 인사를 한다.

점심도 혼자 먹었는데 저녁은 혼자 먹기 싫다. 숙소에서 같이 밥 먹을 사람이나 찾아봐야겠다. 마침 아까 숙소에서 잠깐 인사한 독일 친구가 이따 야시장에 갈껀데 같이 가겠냐고 묻는다. 야시장은 한번 가봤지만 한번 더 가보는 것도 괜찮을 것 같아 그러자고 했다. 시간이 남아 1층 테라스에 앉아 와이파이를 했다. 나의 평온한 와이파이 타임을 방해하는 한 녀석이 있었으니 파리였다. 처음엔 그냥 가볍게 손을 휘젓다가 그래도 계속 알짱거리기에 '에잇' 하고 팔을 크게 휘둘렀다.

"아, 미안."

옆에서 책을 보던 남자였다. 자기가 피우고 있는 담배 연기 때문에 내가 그런 줄 알았나 보다.

"그게 아니라 파리 때문에."

그렇게 계속 이야기를 이어가다가 아까 약속했던 독일 친구와 셋이 같이 저녁을 먹으러 가게 됐다.

내 옆에서 담배를 피우던 남자는 영국에서 온 다니엘. 나이는 나랑 동갑이고 직업은 의사였다. 나랑 같은 도미토리에 묵는 독일 여자는 스무 살 세비아. 유럽 사람들은 당최 외모만 보고는 나이를 가늠하기가 어렵다. 스무 살이면 이제 갓 고등학교를 졸업했을 텐데 혼자 이렇게 아프리카까지 오다니 비자가 카드회사 이름인 줄만 알았던 나의 스무 살 시절을 생각하면 대단하다는 생각이 든다. 테라스가 있는 식당에 들어가 맥주만 세 잔 주문했다. 저녁은 야시장 가서 먹어야 하니까. 어쩌다가 탄자니아의 잔지바르까지 오게 됐는지, 또 앞으로의 계획에 대해 얘기를 나눴고 그들은 내 새로운 머리스타일에 대해 지대한 관심을 보이며 내 주변의 반응은 어떤지도 궁금해했다. 그렇게 처음 만난 국적도, 잔지바르에 온 이유도, 헤어스타일도 다른 세 명은 함께 맥주를 홀짝이

잔지바르 야시장

며 해가 지길 기다렸다. 맥주를 마시고는 야시장으로 자리를 옮겨 케밥으로 저녁을 때우고 눈 앞에서 제조공정 전체를 보여주는 사탕수수 주스를 마셨다. 야시장을 처음 와보는 세비아에게 피해야 할 메뉴도 슬쩍 귀띔해 줬다. 그렇게 잔지바르에서의 마지막 밤이 지나가고 있었다.

다르에스살람, 그리고 서아프리카로

잠자리가 불편했는지 새벽 3시쯤 깼는데 눈이 말똥말똥하다. 발목에 물린 모기자국은 왜 이렇게 가려운지 여기에 신경을 쓰다 보니 더 잠이 안 온다. 몇 시쯤 됐을까. 휴대폰을 켜고 돌아누웠다. 헉. 어떻게 들어왔는지 모를 모기 세 마리가 모기장 안을 떠다니고 있었다. 소리를 지를 뻔한 걸 겨우 참고 후다닥 침대 밖으로 도망쳤다.

말라리아는 아프리카 여행의 최대 적이자 방해요소이다. 잘못하면 생명까지도 위협받을 수 있다는 생각에 보통 말라리아 예방약을 먹곤 하는데 이게 참 말이 많다. '먹으면 두통, 메스꺼움, 악몽까지 부작용이 장난 아니라더라', '먹어도 100% 예방되는 건 아니라더라'부터 '먹어도 아무렇지도 않은 사람도 많다', '부작용을 감수하고서라도 먹어라. 말라리아에 걸리면 현지 병원도 가야 되고 아주 그냥 여행 망친다'까지. 나

역시 두 달 반 어치의 말리리아 예방약을 가져오긴 했는데 부작용을 생각하니 겁이 나서 난 처음부터 안 먹기로 했었다. 대신 모기장을 꼭 치고 물리지 않도록 최대한 노력하기로. 그런데 이렇게 모기장 안에 모기가 세 마리나 있으니 이대로 잘 수가 있나. 침대에 다시 눕지도 못하고 그대로 로비로 나왔다. 소파에 앉아 아침이 되길 기다렸다.

오늘은 배를 타고 탄자니아의 수도인 다르에스살람으로 넘어가 베냉으로 가는 비행기를 타는 날이다. 페리가 오후 늦게 있어 그전까지 마지막으로 스톤타운 골목이나 실컷 걸어보기로 했다. 지금까지 다녔던 길이 아닌 낯선 골목으로 발길이 이끄는 대로 걸었다. 골목, 사람, 건물 마주치는 모든 것을 카메라에 담았다. 골목을 빠져 나와서는 바닷가의 둑을 따라 걸었다. 그렇게 걷다가 어제 다니엘이 말했던 식당을 발견했다. 북적이는 해변에서 조금은 떨어진 곳에 위치한, 단층 건물 하나에 야외 테이블이 두 개 정도 있는 아주 작은 레스토랑이다. 큰 나무 두

잔지바르에서의 마지막 식사를 했던 식당. 왼쪽에 작은 건물이 주방이고 나무 아래에 테이블이 놓여 있다.

그루 아래 야외 테이블이 하나씩 놓여 있는 게 전부였고 아파트 경비실 사이즈 정도 되는 건물이 주방인 듯했다. 테이블 위에 의자가 뒤집어져 올라와 있는 걸 보고 골목 쪽으로 다시 발걸음을 돌렸다.

돌아왔을 때 의자는 테이블에서 내려와 있었다. 자리를 잡고 메뉴판을 펼쳤다. 바람이 부는 바다를 보며 뭘 먹으면 좋을까 한참을 뒤적거렸다. 고작 햄버거와 감자튀김 세트를 고르자 손님들이 주문하는 게 다 거기서 거긴지 웨이트리스는 그럴 줄 알았다는 표정으로 메뉴판을 가져갔다.

고개를 들면 수평선이 보이는 자리다. 어제와는 달리 회색의 하늘과 바다는 경계조차 불분명하다. 무섭게 일렁이는 파도에도 아랑곳하지 않고 묵묵히 노를 젓는 뱃사공들이 보였다. 시야에 들어오는 바다에 떠 있는 배는 저 배 하나뿐이다. 궂은 날씨 속에서도 꼭 해야 할 일이 있는 걸까. 바람이 점점 세어지는데도 뱃사공 둘은 내가 자리를 뜰 때까지 같은 자리에 있었다.

바닷바람에 테이블 위에 있던 휴지가 날아갔다. 그쪽에선 웨이트리스가 접시를 들고 걸어오고 있었다. 그녀는 내 자리에 음식을 놓고 나서 내 눈을 보며 씩 웃어주었다. 식사뿐 아니라 여기서 느낄 수 있는 모든 것을 즐기라는 눈인사였을 것이다. 누군가와라도 눈이 마주치면 그가 설령 낯선 사람일지라도 흔쾌히 미소를 지어주거나 고개를 가볍게 끄덕이는 것.

'이들의 마음은 비싸지 않다. 이들의 웃음도 비싸지 않다. 오직 비싼 건 내 마음이다.'

어느 여행작가의 말이 지금 이 순간 마음에 와 닿는다.

이제 정말 잔지바르를 떠날 시간이다. 숙소를 나와 페리터미널로 향했다. 여행을 하면 할수록 이 큰 배낭이 가볍게 느껴진다. 실제로 무게가 줄어든 것도 있겠지만 자주 메다 보니 익숙해진 탓일 것이다. 각자 바쁘게 어디론가 가는 배들을 바라보기도 하고 둑에 앉아 실낚시를 하는 소년들과 잠깐 이야기도 나눴다. 그렇게 도착한 페리터미널. 외관만 보면 커다란 공장 같다.

잔지바르발 다르에스살람행 페리는 국내선인데도 심사도 하고 여권에 도장도 찍어준다. 출국이 아닌 출도(出島) 도장인가? 신기해서 여권을 이리저리 보고 있는데 어디선가 들리는 한국말. 한국인 단체 관광객이다. 나랑 눈을 마주친 한 아주머니가 나를 빤히 보시더니

"혹시 한국 사람이에요?"

"아, 예…."

혼자서 배낭여행 중이라니까 기특해 보였는지 아니면 불쌍해 보였는지 배낭을 뒤지시더니 뭔가 꺼내서 주신다. 초코바였다. 이름모를 한국 아줌마가 주신 초코바를 쩝쩝거리며 배에 올랐다.

멀어지는 스톤타운을 보며 왠지 모르게 마음이 짠해졌다. 고작 며칠 머물렀을 뿐인데 떠나는 순간 느껴지는 그리움이 밀려든다. 내 인생 언젠가 다시 올 일이 있을까? 천천히 작별인사를 하고 싶은데 매정한 페리는 빠르게 잔지바르로부터 멀어져 간다.

바람을 쐬며 가고 싶어 실외에 자리를 잡았건만 바람이 이 정도로 심하게 불 줄은 몰랐다. 처음엔 그럭저럭 버틸만했는데 배가 본격적으로 속도를 내기 시작하면서는 쓴 안경이 날아갈 정도였다. 목에 걸었던 카메라도 얼른 가방으로 넣고 실내로 후딱 들어왔다. 바람은 피했지만 배가 흔들리는 건 마찬가지다. 이래도 되나 싶을 정도로 배가 요동을 치는데도 현지인들은 세상 편하게 잠만 잘 잔다. 나도 이대로 있다간

뱃멀미를 하겠다 싶어 억지로 잠을 청했다. 쉴 새 없는 무중력과 낙하의 반복 속에서도 잠이 오는 걸 보니 점점 무뎌지는 것 같아 스스로가 기특했다.

웅성거리는 소리에 눈을 떴다. 창밖으로는 다르에스살람 시내가 보인다. 페리가 꽤 커서 비행기처럼 짐은 따로 화물칸에 실어야 했다. 커다란 철창에 승객들이 짐이 가득 실려 나오면 사람들은 너 나 할 것 없이 달려들어 자기의 짐을 찾는다. 나도 다급하게 파란 커버가 씌워져 있는 내 배낭을 찾았다. 저걸 누가 훔쳐가겠나 싶은, 겉으로만 봐도 입던 옷과 신발로 가득 차 있을 것 같은 내 배낭이지만 그래도 이런 순간엔 늘 불안하기만 하다(다행히 여행하는 6개월 내내 단 한 번도 내 배낭을 노린 사람은 없었다).

역시나 터미널에서 나오니 엄청난 수의 택시기사들이 달려든다. 이런 아수라장에서 어떻게 내 택시기사를 찾는담? 당혹스러워하는 와중에 유난히 따뜻한 눈빛을 보내는 이가 있었다.

"What's your name?"

"Chenga."

당신이군요! 하하. 쉽게 찾았다. 그런데 이 사람, 이렇게 착하게 생길 수가. 내가 여태껏 본, 아니 아마 아프리카에서도 손꼽히는 선한 인상일 것이다. 반갑게 악수를 하고 차가 세워져 있는 곳까지 걸었다. 그의 차에 올라 출발하려는데 하필 딱 러시아워에 걸려 도로 위에 차들이 꼼짝도 안 한다. 출발하고 처음 20분은 50m도 못 간 것 같다.

다르에스살람. 내가 공항까지 오면서 보고 느낀 이 도시는 에티오피아의 아디스아바바와 비슷했다. 차선과 신호등이 없는 도로, 무자비하게 끼어드는 차들, 이로 인한 극심한 교통체증, 막힌 차도에서 물건을

밤을 샜던 터미널 밖 벤치

파는 상인들. 상대적으로 잘 갖춰져 있는 나이로비보다는 아디스아바바를 더 닮은 다르에스살람. 이름이 참 예쁜 도시인데 창밖으로 보이는 풍경은 마냥 아름답지만은 않다.

차에 탄지 1시간 반이 되어서야 공항에 도착했다. 쳉가에게 약속된 금액을 지불하니 씨익 웃음을 보이며 떠난다. 이제 이 공항에서 장장 11시간을 기다려야 한다. 아프리카 공항들은 인천 공항이 아니다. 공항 안에만 들어가면 A부터 Z까지 갖춰져 있는 그런 공항이 아니라는 뜻이다. 다르에스살람 공항은 체크인이 되는 승객들만 들어오게 해주고 나머지는 문전박대할 정도로 야박하진 않았지만, 터미널 내부에 의자가 단 하나도, 정말 단 하나도 없었다. 터미널 밖에 벤치에 앉아 시계를 봤다. 보딩시각까지 9시간이 남아 있었다.

베냉

AFRICA

베냉

베냉이 어디야?

서아프리카 베냉으로 가는 길은 멀고도 험하다. 다르에스살람(탄자니아)을 출발해 므완자(탄자니아), 킬리만자로(탄자니아), 나이로비(케냐), 라고스(나이지리아)를 들러야 코토누(베냉)에 도착할 수 있다. 여기저기 돌면서 손님을 꽉꽉 채워가는 로컬버스처럼 아프리카의 비행기는 여러 공항에 발을 내려 승객들을 바꿔 태운다. 그러는 주제에 비행기표는 터무니없이 비싸다.

베냉은 '2006년 독일 월드컵에서 한국과 조별 리그에서 만났던 토고 옆에 있는 불어권 국가' 정도로밖에 설명이 안 될 정도로 낯선 나라임엔 틀림없다. 사실 나도 이번 프로젝트에 참가하기 전까지는 이름조차 들어보지 못했으니까.

나이지리아의 라고스에 잠시 멈췄던 비행기는 잠깐 날더니 드디어 베냉 코토누에 도착했다. 다르에스살람에서 첫 비행기를 탄 게 오전 6시,

지금이 밤 11시쯤이니 시차까지 따지면 거의 하루를 꼬박 이동하는 데 썼다. 입국 심사대 앞에서 한국에서 영사님을 통해 미리 받은 베냉 비자를 조심스럽게 꺼냈다. 사실 비자가 너무 허접하게 생겨서 행여나 문제가 생기지나 않을까 걱정했는데(중간중간 한글로도 써 있어 여간 의심스러운 게 아니었다!) 심사관은 미간을 잠시 좁히더니 입국 도장을 찍는다. 아, 다행이야.

이전에도 그랬고 이후에도 그랬지만 누군가 기다리지 않는 공항에 내리는 일은 마냥 낭만적이지만은 않다. 새로운 곳에 도착했다는 설렘도 잠시, 달려와 포옹하거나 여기야! 라며 손을 흔드는 사람들 사이에서 상대적인 외로움을 느끼며 뭘 타고 어디로 어떻게 갈 것인가, 환전은 얼마를 해야 하나 같은 현실과 맞닥뜨려야 한다. 하지만 이번엔 예외다. 불과 1주일 전 케냐에서 만난 대표님이 저기서 저렇게 손을 흔들고 계시기 때문. 내 머리를 보시곤 깜짝 놀라신 대표님과 반갑게 재회하고 공항 밖 주차장으로 나왔다. 베냉이라는 나라와 처음 마주하는 순간, 숨을 크게 한 번 쉬어본다. 낯선 냄새와 끈적한 공기. 분명 여긴 또 다른 곳이다.

아프리카가 신비하고 낯선 여행지라면 그건 거의 동아프리카에 해당되는 이야기일 것이다. 적어도 나에게 서아프리카는 떠오르는 이미지조차 없는, 세계 일주 가이드북에서도 소외받는, 5대양 6대주를 다 가보고 나서 더 이상 갈 데가 없을 때가 되어서야 비로소 생각날 것 같은, 그런 곳이었다.

이름이라도 들어본 세네갈이나 가나, 나이지리아도 아닌 베냉이라는 작은 나라를, 비싼 비행기표 값을 들여가며 편도 24시간의 여정으로 온 이유는 하나였다. Fashion for All.

케냐에서 Brush with Hope라는 미술교육 프로젝트를 했던 M.tree에서 이번엔 베냉에서 Fashion for All이라는 패션교육 프로젝트를 진행한다. 패션을 공부하거나 업계에서 일하는 사람들이 전 세계에서 베냉으로 모여 커리큘럼을 만들고 1주일간 학생들을 만난다. 나는 미디어팀 소속으로 사진을 담당하게 됐다. 프로젝트에 대해 처음 들었을 때, 미술교육이야 그렇다 쳐도 아프리카에서 패션교육이라니? 잘 상상이 되지 않았다. 사실 고개를 갸우뚱했었다. 이제 내 두 눈으로 확인할 때가 온 것이다.

본격적인 프로젝트는 월요일부터 시작이라 다음날인 일요일은 현지 교회를 방문했다. 에티오피아에서도 교회를 가보긴 했지만 현지인들이 다니는 교회는 처음이다. 소풍 온 중학생들처럼 좁은 승합차에 꼬깃꼬깃 들어가 자리를 잡았다. 구불구불 비포장 도로를 타고 들어가니 지붕과 십자가 모양의 창문이 있는 단층 건물이 모습을 드러낸다. 머리가 길고 생김새가 이상한 사람들의 갑작스러운 등장에 동네 꼬마들은 재미난 구경거리가 생긴 듯 몰려와 키득거리며 손을 흔든다.

휴게실, 모임공간, 식당, 창고

문이 없이 그냥 뚫린 입구를 통과

하여 예배당으로 들어갔다. 조금은 어두운 예배당 안, 등받이가 없는 의자에 앉은 사람들의 뒷모습이 보인다. 그리고 그들이 입은 옷. 머리 두건부터 치마 밑단까지 같은 패턴의 화려한 의상이 눈을 사로잡는다.

평소에도 다 이렇게 입고 다닐까? 강렬한 원색계통의 의상으로 각자만의 개성을 표출한다. 화려하지만 과하지 않다. 요란하지만 촌스럽지 않다. 동아프리카를 여행하면서도 한번도 보지 못했던 처음 보는 패션이었다. 아이들도 마찬가지. 이제 막 아장아장 걷기 시작한 아이들도 마찬가지. 위아래를 같은 무늬로 쫙 빼입고 잔뜩 귀여움을 뽐낸다. 아이를 번쩍 안고 가는 엄마는 상의는 생략하더라도 두건과 치마의 깔맞춤은 잊지 않으셨다.

교회에 오느라 특별히 신경을 쓴 건지는 모르겠지만 사람들이 본인의 개성을 표현하는 데 주저함이 없다는 게 느껴졌다. 이 사람들 뭐가 있긴 있구나. 괜히 여기 베냉까지 와서 패션 프로젝트를 하는 게 아니었어!

프로젝트는 내일부터지만 내 임무는 오늘부터다. 예배 도중 틈틈이 사진을 찍으라는 대표님의 특명을 받고 열심히 사진을 찍었다. 하지만 예배가 시작되자 가만히 앉아 있는 사람들 사이에서 찰칵찰칵 소리를 내며 사진을 찍기도 그렇고 해서 슬그머니 밖으로 나왔다. 불어로 진행되는 예배에 멀뚱멀뚱 앉아 있기도 좀 심심하고.

화장실을 가는 척 하나둘 자리를 떴던 사람들이 교회 건물 밖 마당에 나와 바람을 쐬고 있다. 옆에서 서성이는 예쁜 옷을 입은 아이들은 벽에 기댄 채 볼이 볼록해지도록 사탕을 빨며 우리를 힐끔힐끔 쳐다보지만 선뜻 다가오지는 않는다. 불어를 할 줄 아는 친구를 앞세워 몇 마디를 걸어보니 조심스럽게 눈을 마주치며 묻는 말에 툭툭 대답도 하고 고개도 끄덕인다.

아이들을 꽁꽁 감싸고 있던 벽은 몇 번의 장난에 금방 허물어졌다. 한두 명과 친구가 되니 나머지 아이들은 자동으로 따라온다. 그렇게 조용했던 예배당 뒷마당은 새소리 같은 불어로 메워져 갔다. 도도하게 물고 있던 막대사탕을 빼고 쫑알거리는 아이들에게 귀를 기울이면 뭐라고 하는지 알 것만 같다. 한국말로 대답해도 아이들이 고개를 끄덕이는 걸 보면 신통한 조화가 벌어지고 있음이 틀림없다.

지구 반대편에서 현대인의 소통단절에 혁혁한 공을 세운 스마트폰은 여기서도 그 역할을 톡톡히 수행한다. 말이 안 통해도 이루어지던 아름다운 대화는 아이들이 이 차가운 기계에 관심을 보이는 순간 힘을 잃었다. 한국 성인의 최고 장난감인 이 녀석은 대화를 끊고도 뻔뻔하게 매력 발산을 이어갔다. 아이들은 손을 갖다 대면 휙휙 바뀌는 작은 화면에서 눈을 떼지 못했고 자기의 얼굴이 화면에 보이기 시작하니 아예 그 속으로 들어갈 것만 같아 보인다. 같은 아프리카라 하더라도 너무 멀리 날아온 것이라 어떨까 궁금하기도 하고 걱정도 됐는데 다행히 아이들은 똑같이 사진을 좋아했다. 사진담당으로서 프로젝트에 대한 기대가 살짝 커진다.

Fashion for All의 시작

본격적으로 시작된 Fashion for All. 학교는 숙소에서 멀지 않은 데다 베냉 교육부 측에서 제공해 준 큰 버스 덕분에 프로젝트 기간 내내 편하게 이동할 수 있었다. 이번 프로젝트는 케냐의 Brush with Hope와는 달리 한 학교에서만 이루어지고 클래스도 하나였다. 오페라반은 Fashion for All과는 별개로 따로 한 반이 구성되었다.

학교에 도착하자마자 나는 일단 교실부터 들어가 봤다. 어두웠다. 그나마 있는 형광등조차 너무 약해 교실을 충분히 밝혀주지 못했다. 게

다가 교실 가운데에는 시야를 방해하는 큰 기둥이 두 개나 떡하니 자리 잡고 있다. 여러모로 촬영이 쉽지는 않을 것 같다.

본격적으로 수업이 시작되기 전 학생들이 조별로 자리에 앉아 있다. 그리고 각 조를 맡게 될 한국인 선생님 두 명이 함께 앉아 학생들과 얘기를 나누며 어색함을 풀어간다. 나는 이 모습을 지켜보며 카메라로 학생들의 눈빛과 표정을 담았다. 이 친구들 정말로… 정말로 기대하고 있구나. 새로운 선생님, 친구, 그리고 배움에 대한 열망을 아이들은 숨기지 않는다.

어수선하던 분위기가 교장선생님의 등장과 함께 잡힌다. 교장선생님께서 먼저 대표님과 우리를 학생들에게 소개하셨다. 우리도 돌아가면서 인사를 했고 학생들은 환영의 박수를 보내줬다.

패션교육이라 마네킹, 원단, 염색약 등 준비물이 많기도 하다. 조별로 준비물을 나누는 동안 나는 1층으로 내려가 오페라반의 문을 살짝 열었다. 여러 선생님이 투입되는 패션반과 달리 오페라반은 독일에서 성악을 하시는 40대 선생님 한 분과 반주자 누나 한 명, 그리고 파리에서 온 통역 한 명 이렇게 세 명으로 진행되고 있었다. 내가 교실에 들어갔을 땐 이미 소개가 끝나고 바로 수업에 들어갔는지 아니면 자기소개를 노래로 하는지 학생들

이 한 명씩 나와 노래를 부르고 있었다.

반주자가 키를 잡아주고 선생님이 먼저 시범을 보이며 설명을 하면 통역이 학생에게 전달했다. 첫날이라기엔 세 사람의 호흡이 너무 잘 맞는다. 그리고 더 놀랐던 건 소울 가득한 목소리. 원래 잘 하는 애들만 모아놓은 반인가? 교실을 울리는 목소리에 반주자 누나는 건반에서 손을 떼고 박수를 쳤다.

다시 패션반. 수업은 처음부터 어떻게 옷을 만드느냐가 아니라 각자 가지고 있는 재료로 제시된 주제를 표현하는 것부터 시작했다. 종이에 연필로 그림만 그린 아이도 있고 천 조각을 붙여 꽃을 만든 아이도 있다. 아이들은 한 명씩 나와 본인 작품의 제목과 내용에 대해 설명한다.

한 남학생이 본인의 작품을 들고 칠판 앞으로 성큼성큼 걸어 나온다. 눈빛이 범상치 않던 그는 작품에 대해 설명하기 시작했다. 제목은 'LOVE'. 불어로 설명을 하니 앉아 있던 학생들이 '유후~~' 하며 소리를 지른다. 뭐라고 하는 걸까. 얘기를 끊지 않고 끝까지 듣던 지미가 이윽고 통역을 시작한다.

"사랑에 대해서 표현을 했는데 LOVE란 글자 옆에 이렇게 꽃과 함께 시를 썼네요."

그러면서 지미는 양손을 오므린다. 그래, 애들의 환호를 들으니 뭔가 오글거리는 내용일 것 같더라.

“내 머리는 너만 생각하고.”

꺄악.

“내 입은 너에 대한 얘기만 하고.”

꺄악.

“내 눈은 너만 바라보고.”

꺄악.

점점 환호소리가 커진다.

“내 심장은 너만을 위해 뛰어.”

꺄아악.

동서양을 막론하고 존재하는 순정만화 같은 대사에 학생과 교사 모두 입을 다물지 못했다. 통역을 하는 동안 두 손을 모으고 쑥스러워하던 남학생은 멋쩍은 듯 뺨을 두어 번 쓸어 내리더니 자리로 돌아갔다. 환호성이 몇 번 터지고 나니 아까보다 교실은 더 활기차다. 의상을 직접 제작하기 전 자기의 생각을 표현하는 시간만으로도 학생들의 넘치는 열의를 볼 수 있었다.

수업을 마친 후 숙소로 돌아와서 선생님들은 오늘 수업에 대해 피드백을 주고받고 다음날의 수업을 준비하는 동안 나는 하루 종일 찍은 사진을 정리해야 한다. 보통 하루에 500장에서 많게는 700장까지 사진을 찍는데 이걸 30장으로 추리는 일까지가 사진담당이 해야 할 몫이다. 우선 쭉 넘기면서 초점이 나가거나 완전히 잘못 찍힌 사진들을 지운다. 그 다음은 구도가 불안정하거나 너무 어둡거나 밝은 사진을 골라낸다. 여기까지가 선별을 하기 위한 예비단계다. 이제부터 나중에 쓰일 만한 '괜찮게' 나온 사진을 고른다. 꽤 까다롭게 고른다고 골라냈는데 그게 200장이나 된다. 그럼 또 여기서 추리고 추리고 추려서 결국 30장을 만들어 내야 한다. 디지털 카메라의 작은 액정으로 봤을 땐 괜찮은 것 같던 사진도 노트북 모니터에 띄워놓으면 영 아니다. 순간 포착을 잘 했다고 생각한 사진의 주인공은 꼭 눈을 감고 있다. 그렇게 30장이 될 때까지 계속 고르다 보면 11시가 다 되어 있다. 그럼 씻고(생략 가능) 자야 한다. 다행히 나중에는 작업속도가 붙어 처음보단 빨리 끝낼 수 있었다.

다음날 아침. 맞춰놓은 알람에 겨우 눈을 떴다. 혼자 여행하면서 내키는 대로 일어나다가 다시 정해진 시간에 일어나려니 몸이 무겁다. 축 처진 몸을 질질 끌고 식당으로 내려오면 아침식사가 준비되어 있다. 눈을 반쯤 감고 식사를 하다 보니 정신이 조금 드는 것 같다.

버스를 기다리며 사람들의 생활을 엿보는 것도 소소한 즐거움이다.

우리 숙소 앞에는 작은 개울이 흐르고 있다. 그 건너편에는 아이들이 아침부터 부지런히 뛰어노는 모습이 보이곤 했는데 오늘 아침에는 추격전이 펼쳐졌다. 큰 아이 둘이 작은 아이를 쫓아 달린다. 작은 아이는 이내 그 둘의 손에 잡혀 끌려간다. 비명에 가까운 아이의 울음에 우리 모두 숨죽여 지켜보고 있다. 곧이어 벌어지는 장면에 다들 피식 웃을 수밖에 없었다. 그 셋은 다름 아닌 형제였고 속옷을 갈아입기 싫어 도망가는 막내를 형들이 붙잡아 갈아 입히려는 것이었다. 작은형에게 양팔을 붙들려 큰형 앞에 선 막내는 저항을 하려다 이내 포기한 듯 다리 한 쪽을 들었다.

학교에 도착하니 교실 문이 잠겨 있다. 기다리는 동안 오페라반에 먼저 들어가 촬영을 했다. 촬영을 하는데 눈이 마주칠 때마다 개구진 표정을 짓는 녀석은 최고의 악동 주니어. 얘가 어느 정도냐면 하루는 스탭룸에서 배달된 점심식사를 하는데 갑자기 들이닥치더니 자기들처럼 손으로 밥을 먹으라며 포크를 싹 가지고 낄낄거리며 도망가버렸다. 순식간에 당한 우리는 어쩔 수 없이 손으로 밥을 먹었다.

요즘도 가끔 SNS로 메시지가 오는데 대강 이런 내용이다.

오페라반이 오늘부터 연습하게 될 곡 Amazing Grace

"An nyung." (꼭 이렇게 보낸다)

"오, 주니어. 안녕. 잘 지내니?"

"응. 잘 지내. 너는?"

"나도 잘 지내지."

끝.

매번 이런 식이라 조금 더 얘기를 할 수 있으면 좋겠는데 안타깝게도 그는 영어를 못하고 나는 불어를 못한다.

패션반의 오늘 첫 수업은 모델을 보고 그려보는 시간이다. 책상을 동그랗게 모으고 가운데 모델이 올라가 설 수 있는 자리를 만들었다. 모델은 누구나 될 수 있다. 선생님, 현지 스탭, 학생 그리고 나중엔 대표님까지 무대에 올랐다. 어제 친구들의 발표를 들으며 시끌시끌했던 수

업 분위기와는 달리 오늘은 서 있는 모델에 집중하여 조용한 분위기다. 각자 모델의 모습을 그리기 시작했다. 집중하는 아이들의 모습을 촬영하는 일은 오히려 아이들의 집중을 방해한다. 카메라가 가까이 오면 아무래도 의식이 되는지 아이들은 카메라를 쳐다보지는 않더라도 표정이 경직되고 행동이 부자연스러워진다. 케냐에서 어린아이들을 찍을 때는 아이들이 가만히 있질 않아 찍기가 어려웠다면 이번에는 반대다. 자연스러운 모습을 잡아내기 위해서는 내가 접근하는 걸 눈치채지 못하게 조용히 다가가서 빠르게 촬영을 하거나 아니면 아예 멀리서 찍어야 했다.

그 다음은 염색수업. 모델을 그리는 수업으로 사람의 신체에 관한 학습을 마쳤다면 이제 의상제작을 위해 색깔에 대한 감각을 키울 차례다. 염색수업은 준비할 게 많다. 책상을 다 붙이고 염색약이 튀지 않도

염색할 천으로 인형놀이를 하는 학생들

록 검정비닐로 싼다. 그러는 동안 학생들은 흰색 천을 하나씩 받아 둘둘 말고 5~10cm 간격으로 고무줄을 묶는다. 그리고 묶은 곳을 경계로 하여 천을 다른 색깔의 염색약에 담갔다 꺼내면? 오오. 전혀 기대하지 않았던 작품이 나온다. 여기저기서 탄성이 나오기 시작한다. 점점 완성해 가는 과정이 아니라 순식간에 본인도 예상하지 못하는 작품이 나오니 다들 즐겁게 수업에 참여한다. 한 번 해보니 아이들은 감이 오는지 두 번째 할 때는 아주 전략적으로 염색을 하기 시작한다. 더 커다란 천을 가져와 여러 명이 더 정교하게 염색을 하니 아까보다 훨씬 그럴듯한 그림이 나온다. 아이들은 서로 경쟁을 하듯 멋진 작품들을 쏟아냈다.

천으로 어떻게 염색을 하는지 배운 아이들은 이번엔 흰옷을 가지고 염색하는 시간을 가졌다. 한국에서 못 입는 흰옷을 왕창 가져온 이유

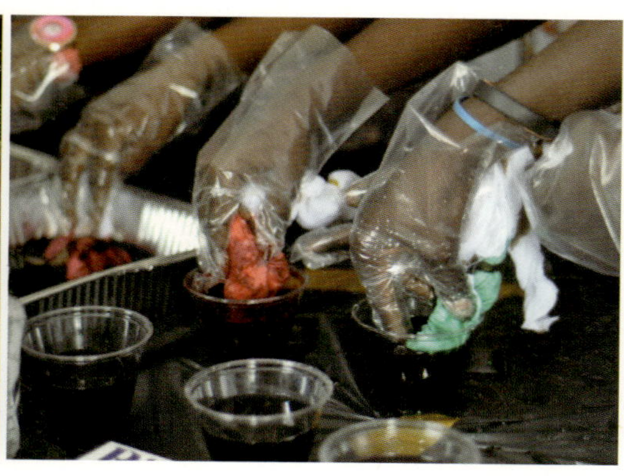

가 바로 이거였다. 과열된 수업 참여에 아이들은 1인당 서너 개 이상의 작품을 만들어 냈다. 교실에 있는 의자마다 널어놓아도 공간이 부족해서 1층에 빨래건조대를 마련해 널어놓아야 했다.

학교 부지가 넓지가 않아 운동장이 따로 없어 학생들은 쉬는 시간이 되면 좁은 복도에서 수다를 떤다. 이때가 사진담당인 내가 학생들과 그나마 친해질 수 있는 시간이다. 어린아이들보다는 확실히 10대 청소년들과 친해지는 데 시간이 훨씬 오래 걸린다. 그러나 한번 마음을 열면 환한 미소를 보여주길 주저하지 않는다.

오페라팀 – 내재된 댄스 본능

오늘의 수업은 마네킹을 이용해 직접 옷 만들어 보기. 하루하루 수업 난이도가 너무 팍팍 올라가는 게 아닌가 걱정이 되기도 했지만 아이들은 마네킹과 형형색색의 원단을 보자 더 호기심 가득한 눈빛이다.

아이들이 이전과는 비교도 안 될 정도로 집중력과 열정을 보이는 까닭은 바로 토요일에 있을 패션쇼 때문이다. 지금 만들고 있는 이 옷을 입고 사람들 앞에 선다고 생각하니 바느질 한땀한땀에 단추 하나하나에 신경을 쓸 수밖에 없다. 요 며칠간은 카메라가 옆에 있으면 살짝 어색해 했는데 이제 카메라 따위는 안중에도 없다.

마네킹에 옷을 만들어 입혀 각자 조별로 발표를 하는 동안 오페라반에 잠깐 들렀다. 계단을 내려가면서부터 들리는 노래 소리에 발걸음이 빨라졌다. 오늘은 의자를 교실 뒤편으로 밀어버리고 다 일어서서 연습을 하고 있었다. 패션반과 마찬가지로 토요일 무대에서 부를 Amazing

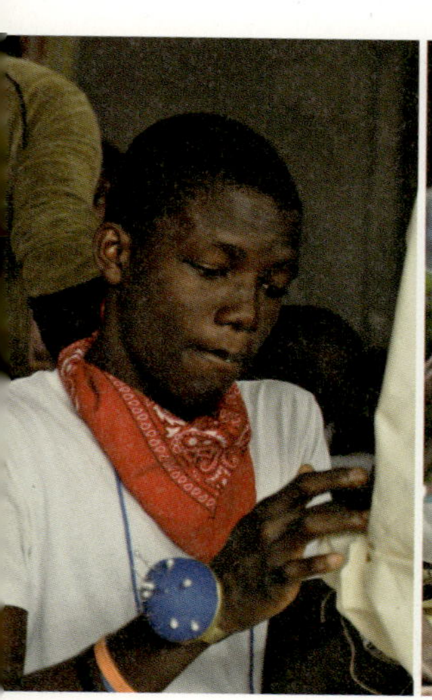

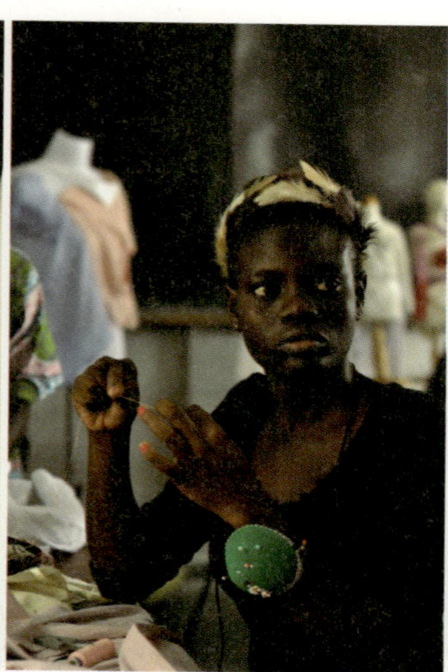

Grace가 빠른 템포로 바뀌어 전혀 다른 분위기를 만들어 내고 있었다. 지휘자 선생님과 반주자 그리고 구경하던 모든 사람들까지 같이 들썩거리도록 신나게 연습을 한다. 후렴부분이 나올 때쯤 두 학생이 앞으로 나와 춤을 추기 시작한다. Amazing Grace에 춤이 웬말인가. 교실은 환호성으로 가득 찼고 합창연습은 파티가 되어버렸다.

긴 여행을 마친 후 누가 소감을 묻길래 '어디나 사람은 다 비슷하더라'라고 인류 보편성의 진리를 깨달은 척 무심하게 대답을 한 적이 있었다. 하지만 새삼 가슴에 손을 얹고 생각해 보면 이건 정말 우리와 뼛속부터 기질이 다르다고 느낄 때가 몇 번 있긴 했다. 그중 하나가 바로 아프리카에서 춤추는 사람을 봤을 때다.

남아공에서 한 7살쯤 됐으려나, 어린 여자아이가 쿵쿵거리는 음악에 자연스럽게 몸을 흔드는 것을 본 적이 있다. 처음엔 그냥 귀여워 보고 있었는데 좀 이상했다. 그건 그 또래 꼬마들이 유치원 학예회를 위해 연습한 춤이 아니었다. 엄마 앞에서 재롱떨 때 팔짝팔짝 뛰는 그런 춤도 아니었다. 그냥 귀로 흘러 들어온 청각신호에 몸이 반응하는 느낌이었다. 더 놀랐던 건 7살 소녀의 그루브에 아무도 주목해 주지 않았다는 것이다. 저 정도 춤은 기본이지 뭐 이런 마인드인가? 한국이었으면 분

명 방송사에서 취재를 나왔을 거다. 교회에서 춤을 추는 사람들을 봤을 때도 그랬다. 아프리카 교회에서는 예배시간에 춤을 춘다더라, 말만 듣고 갔지 실제로 그럴 줄은 몰랐다. 교회라는 공간이 주는 정형화된 이미지는 나한테만 해당된 듯 방금 전까지 두 손을 꼭 모으고 간절히 기도하던 아주머니들은 음악이 나오자 슬금슬금 엉덩이를 흔들더니 이내 자리에서 일어나 각자의 리듬에 맞춰 군무를 이뤄 헌금함에 돈을 넣었다. 아무리 피부색깔이 다르고 언어가 달라도 사람은 다 똑같구나 생각했던 내 믿음이 처음으로 흔들린 순간이었다. 지금 내 앞에서 춤을 추고 있는 이 친구들도 처음부터 '이따가 후렴부분에 나가서 춤을 춰야지'라고 생각하지는 않았을 것이다. 다만, 흥을 주체하지 못했을 뿐.

충격의 오페라 수업을 마치고 올라온 패션반에서는 마네킹에 입힐 옷이 아닌 자기가 직접 입을 옷을 만드는 수업이 진행되고 있었다. 자기가 입을 옷이기 때문에 이전까지의 수업과 달리 치수를 재는 일이 중요했다.

아이들은 각자 마음에 드는 원단을 골라 몸에 두르고 옆 친구의 도

움을 받아 적당한 크기로 자른다. 전체적인 옷의 윤곽이 잡히면 그 다음엔 디테일을 꾸며줄 액세서리를 만들고 붙인다. 이쯤 되니 아이들은 딱히 선생님의 도움을 바라지도 않는 것 같다. 스스로 무언가를 만들어 낸다는 것 자체를 즐기고 있었다. 손이 닿지 않는 등이나 허리 부분을 손봐야 할 때는 옆 친구에게 도움을 청하고 옷이 완성되면 서로 평가를 하면서 부족한 부분을 짚어준다. 나는 수업에 관여하지 않고 아이들의 그 모습을 최대한 자연스럽게 카메라에 담으며 아이들이 런웨이에 서는 모습을 기대했다.

베냉 사람을 만나다

수업이 끝나고 버스를 기다리고 있었다. 오늘 따라 버스가 늦게 오길래 골목에서 노는 아이들에게 다가가 봤다. 낯설어하지만 무서워하지는 않는다. 우리나라에선 요즘 옆집이나 근처에 사는 동네 친구라는 개념이 없어졌지만, 아프리카에 오니 아이들에게 가장 친한 친구들은 역시 동네 친구들이다. 학교도 제대로 못 다니는 아이들에게 동네 친구들은 어쩌면 유일한 또래집단일지도 모른다. 동네 친구들과 같이 찍은 사진을 받아본 아이들은 내 요청에 사진을 들고 한 번 더 카메라 앞에 서준다.

사진을 흔드는 아이들을 뒤로한 채 버스를 타고 현지 코디네이터 아킴을 따라 시장을 방문했다. '현지인들의 삶의 모습을 엿보기 위함' 같은 관광객 마인드는 아니었고 '패션업계 종사자들의 견문을 넓히기 위한 현지업체 방문' 정도가 더 어울리겠다. 역시나 시장은 북새통이었고 우리는 행여나 발생할지 모르는 사고에 대비해 2열 종대로 대열을 맞춰 짝궁과 함께 유치원생처럼 줄 맞춰 걸었다.

가장 먼저 들른 한 원단가게. 가게는 다양한 패턴의 원단으로 가득 차 있다. 나야 뭐 봐도 잘 모르니까 그냥 어슬렁거리면서 사진이나 찍었는데 업계에서 일하는 사람들이나 전공자들은 원단을 열심히 들춰보기도 하고 인도계 주인과 얘기도 나눈다. 이 가게뿐 아니라 이 근방 원단가게

오래 쳐다보고 있으면 눈이 아프다.

는 들어가는 곳마다 인도계 주인이 앉아 있었다. 아마 업계를 인도 사람들이 장악한 듯 보였다.

원단가게를 나와 활기가 넘치다 못해 정신이 없는 시장거리를 걸었다. 이곳 사람들도 동양인을 보면 '차이나'라고 하는 건 똑같다. 이제 그런 조롱은 귀에 들어오지도 않는다. 이미 에티오피아부터 면역이 된 내 귀가 자동으로 걸러낸다. 그런데 그런 사람들 사이에서 우리를 계속 따라다니면서 신기하게 쳐다보던 과일 파는 아이가 있었다. 계속 눈이 마주치길래 카메라를 꺼내니 싫다며 고개를 돌렸다. 그래도 도망가진 않길래 내가 천천히 다가가서 말을 걸었다. 카메라를 쳐다볼 때까지도 보이지 않던 미소는 사진을 받아볼 때쯤이 되니 얼굴에 나타난다.

시끄러운 골목을 벗어나 큰 건물 안에 있는 한 원단가게로 들어갔다. 이 가게는 인도계가 아닌 엄청난 풍채를 자랑하는 베냉 아줌마가 운영하는 가게였다. 그녀는 우리가 가게로 들어갈 때부터 탐탁지 않아

시장 아주머니들의 아슬아슬한 스킬

하더니 구경하는 내내 싸늘한 눈빛으로 우리를 감시했다. 그리고 내가 아무렇지도 않게 카메라를 꺼내는 순간! 그녀와 옆에 있던 다른 직원이 기다렸다는 듯이 동시에 소리를 빽 지른다. 너무 당황해서 얼른 카메라를 집어넣었다. 그러나 그들은 그래도 화가 가시지 않는지 이제는 아예 가게에서 나가라며 손을 내젓는다. 왜 이렇게 민감하게 구는 걸까? 사진을 찍지도 않았는데. 아킴이 가서 설명을 했는데도 막무가내다. 우리는 그렇게 가게에서 쫓겨났다.

나중에 들어보니 원래 원단가게에서는 사진 촬영이 금지된 곳이 많다고 한다. 원단 고유의 패턴이 유출되는 것을 방지하기 위함이라고. 아까 인도 아저씨가 운영하는 가게에서는 사진을 찍어도 별 말을 안 하길래 무심코 카메라를 꺼냈던 건데 이런 일을 당할 줄은 몰랐다. 그래도 이제 알았으니 조심해야겠지. 괜히 나 때문에 제대로 구경도 못하고 쫓겨난 멤버들에게 미안해졌다.

석양을 보며 버스를 기다렸다. 벌써 프로젝트가 끝나간다. 우리가 계획하고 기대했던 것이 얼마나 이루어졌을까. 그리고 그 결과로 아이들에게 변화를 가져다 줄 수 있을까. 또 우리에게는 어떤 변화가 생길까.

Fashion for All – Fashion Show

D–Day. 아침부터 패션쇼를 준비하는 손길이 분주하다. 남학생 여학생 할 것 없이 무대에 오르는 사람은 한쪽 방에 모여서 메이크업을 받고 스탭들은 교실을 런웨이로 꾸민다. 지난 5일간의 열정을 친구들과 교사들 앞에서 선보이는 자리일 뿐 아니라 베냉 정부 관계자들까지 참석하는 의미 있는 행사가 될 것이기에 비록 좁은 교실이지만 최대한 모양새를 갖추고자 했다.

사진담당으로서는 꽤나 부담이 되는 날이기도 했다. 사진이야 여행 다니면서 풍경사진이나 찍어본 게 다라 어떻게 접근해야 할지 감도 없는데다가 플래시 사용도 익숙지 않아서 쇼 시간이 다가올수록 안절부절못했다. 내장 플래시를 터뜨리면 얼굴만 허옇게 나올 것 같아 광량이 감소하도록 플래시를 휴지로 둘둘 말았다. 그러면서 계속 다른 친구한테 모델워킹

무대에 올라갈 준비가 된 학생들

을 부탁해서 미리 구도도 잡아보고 찍는 타이밍 잡는 연습을 했다. 그러는 사이에 오페라반 친구들이 먼저 와서 리허설을 하고 객석에 앉았다. 교장선생님 및 교사들 그리고 한국으로 치면 문화관광부쯤 되는 정부기관 관계자들도 모이기 시작했다. 나는 모델들이 걸어나와 포즈를 잡는 런웨이의 가장 끝에 자리를 잡고 쇼가 시작되기를 기다렸다.

음악이 들린다. 이제 저기 저 문에서 누군가 걸어나올 것이다. 아! 언니를 따라 수업에 들어왔던 꼬마다. 그냥 깍두기로 수업만 참관하는 줄 알았는데 첫 번째 모델이 되어 패션쇼의 시작을 알리는 중요한 역할을 맡았구나. 꼬마가 녹색 실크 재질의 원피스를 입고 내 앞에서 양손을 허리춤에 얹는 포즈를 취하니 박수와 환호성이 터져 나온다. 깜찍한 걸음으로 퇴장하자 이제 진짜 모델들이 나온다. 교실에서 옷 만드는 것만 봤을 땐 장난 같고 영 어설퍼 보였는데 무대에 그 옷을 입고 메이크업과 헤어를 하고 모델 워킹으로 걸어 나올 때는 전혀 딴판이었다. 처음엔 '얘네가 누군가' 했을 정도니까. 더 압권은 카메라 앞에서 포즈를 취할 때 학생들의 표정이다. 무슨 모델과 학생들도 아니고 보통 학생들이면 쑥스러움도 타고 웃음을 터뜨리거나 실수도 좀 해야 자연스러운데 이 친구들은 완전 자아도취를 해서 진짜 모델처럼 자신감 있는 표정으로 카메라를 잡아먹을 듯이 쳐다본다.

각자 다른 옷으로 두 번 정도 런웨이에 서니 벌써 피날레다. 모델들이 다 같이 나와 런웨이를 돈다(이것도 무슨 전문용어가 있을 것 같은데 잘 모르겠다). 정신없이 사진만 찍다 보니 쇼가 너무 빨리 끝나버린 것 같다. 오페라팀의 무대와 별개로 아이들이 준비한 연극을 마지막으로 Fashion for All의 모든 공식 일정이 끝났다. 아이들의 얼굴엔 성취의 기쁨이 가득하다. 선생님들도 학생들에게 격려를 아끼지 않았다. 나 역시 후련하면서도 아쉬운 마음이다.

학교에서 고작 일주일 동안 수업을 받고 옷을 만든 걸로 패션쇼를 한 게 어떻게 보면 별 일이 아닐 수도 있다. 하지만 이 아이들에게 직

접 옷을 만들어 보고 또 이 옷을 남들에게 선보이는 것은 엄청난 경험이다. 문화관광부(?)에서 온 현지 코디네이터 주베르도 아이들이 만든 결과물을 보더니 깜짝 놀란 듯 어디론가 전화를 걸더니 흥분한 채로 이곳의 실황을 전한다. Fashion for All을 통해 학생들의 예술활동에 대한 정부 차원의 지원이 시작됐으면 하고, 또 그로 인한 아이들의 삶에 긍정적인 변화가 있었으면 한다. 그래서 더 이상 우리가 여기까지 올 필요가 없게 된다면 우리의 목표는 달성된 게 아닐까.

이제 남은 숙제는 이별이다. Brush with Hope 때는 아이들이 어려서 그랬는지, 헤어질 때 하나도 아쉬워하지 않아 당황스러울 정도였는데 이번은 다르다. 십대 학생들은 이번에 헤어지면 다음 만남을 기약할 수 없다는 것을 안다. 몇 아이들이 눈물을 보인다. 헤어짐이 슬픈 건 우리도 마찬가진데 아이들을 달래야 하는 것도 우리의 몫이다. '내년에 또 올게'라는 지키지 못할 약속은 못하지만 그런 빈말도 없이 어떻게 아이들을 위로해야 할까. 할 수 있는 말은 SNS로 자주 연락하자는 말뿐이다. 학생들은 우리가 시야에서 사라지는 순간까지 손을 흔들었다.

Fashion for All 그 후 – 아프리카에서 생일 맞기

공식적인 프로젝트는 어제로 마무리가 되었지만 짧은 시간에도 정이 든 아이들은 어떻게 알았는지 숙소 앞까지 찾아와 우리에게 마지막 인사를 건넸다. 우리 중에 누구 한 명이라도 다시 베냉에 와서 이 친구들을 만날 일이 있을까.

눈시울이 붉어진 아이들에게 손을 흔들고 차에 올라 점심을 먹으러

가는 길이었다.

끼이이이익. 탁탁탁탁.

카메라에서 이상한 소리가 났다. 처음 듣는 소리였다. 불길하다. 카메라를 작동시켜 봤다. 초점이 잡히지 않았다. 가슴이 철렁 내려 앉았다. 여행을 시작한지 한 달 반 만에 렌즈가 고장 나버린 거다. 렌즈에 있는 모터가 나간 것 같다. AF(오토포커스)를 MF(매뉴얼 포커스)로 바꾸니 사진이 찍히긴 한다. 하지만 자동초점이 안 되니 육안으로 초점을 맞춰야 하는데 제대로 맞을 리가 없다. 몇 번 사진을 찍어보고 확인을 해보니 어김없이 미세하게 엇나가있다. 며칠 전 숙소에서 휴대폰을 깨먹은 것도 골치가 아픈데 카메라까지 속을 썩이다니. 앞으로 여행하는 데 있어 큰 난관이 될 것이 틀림없다(실제로 그랬다).

'사탕 먹는 거 처음 보냐'

점심을 먹고 우리가 찾은 곳은 바닷가였다. 일주일 내내 어두컴컴한 학교와 숙소 건물에만 있던 사람들은 짧은 해방감을 맛본다. 모래사장을 가로질러 파도소리가 들리는 야트막한 모래언덕에 쪼르르 앉았다. 다들 말이 없이 조용하다. 정신없이 아이들을 가르치고 매일 회의를 하고 보고서를 썼으니 이렇게 바다에 나온 김에 혼자 생각에 젖고 싶을 테다.

우리가 찾은 바닷가는 관광지라기보다는 베냉 사람들의 놀이터였다. 삼각팬티를 입은 청년과 그의 친구들은 갈라진 복근을 자랑하며 바다를 매트리스 삼아 백텀블링을 한다. 치마를 펄럭이는 여인은 바구니를

머리에 이고 팩주스를 팔고 깡마른 소녀는 그 옆에서 얼음을 판다. 다들 우리를 낯선 눈빛으로 바라보지만 어느 누구도 다가와서 말을 걸지는 않는다.

침묵이 깨지고 몇몇은 물에 발을 담근 채로 모래사장 위를 걷고 몇몇은 모여서 사진을 찍을 무렵, 누군가 어디서 났는지 연을 가져왔다. 연을 날려본 게 언제더라. 기억이 나지 않는 걸 보니 아마 꽤나 오래된 것 같다. 남대서양 바닷바람에 연은 잘도 난다.

베냉에 온 첫날을 떠올렸다. 어색한 첫 만남. 지금의 모습과는 전혀 달랐던 서로의 첫인상. 이 사람이 이런 모습일 줄은 몰랐겠지. 이런 사람인 줄 알았으면 처음부터 어색하게 굴지 말고 더 빨리 친해질 걸. 좀 편해지니까 이제 헤어질 시간이네. 아마 다들 이런 생각을 하고 있을 것이다. 우리가 했던 프로젝트도 잊혀지고 여기서 만났던 학생들도 다 잊혀지겠지만 우리, 이곳에서 일주일간 동고동락했던 사람들은 오랫동안 남길 바라본다(첫날 저녁, 자기소개 시간에 고개를 처박고 졸던 모습이 새삼 부끄러워진다).

매일 아침 숙소 앞 개울 건너편에 보이는 아이들은 아침 일찍 우루루 버스에 타고 떠났다가 늦은 오후에 또 우루루 버스에서 내리는 동양인 무리를 신기한 듯 쳐다보곤 했다. 며칠이 지나니 개울을 사이에 두고도 우리는 친구가 됐다. 차에서 내리자 아이들은 기다렸다는 듯이 우리 앞에 모인다. 우리가 쪼그려 앉아 턱을 괴니 똑같이 턱을 괴고 우리가 일어나면 똑같이 일어나는 아이들. 이제 이 친구들과도 안녕이네. 잘들 지내렴.

대표님을 포함한 몇 사람이 어제 또 떠나고 이젠 몇 명 남지도 않았다. 아킴과 주베르의 도움으로 대형 마트에 가서 저녁거리와 간식을 샀다. 숙소에 돌아와 간만에 먹을 치킨 생각에 들떠 있는데 저쪽 문에서 촛불과 함께 케이크가 등장한다. 생일 축하 노래와 함께. 설마 내 생일? 어떻게 알았지? 노래가 끝나고 2와 8 모양의 초가 내 앞에 멈춰설 때부터 노래가 끝나고 촛불을 끌 때까지 온통 도대체 어떻게 내 생일을 알았는지에 대한 생각뿐이다. 프로젝트 참가자 명단에 생일이 기입되어 있나? 내 여권을 훔쳐봤나? 그때 대건이 형과 눈이 마주쳤다. 아! 베냉으로 오는 비행기 안에서 내가 형한테 얘기를 했었구나. 스치듯 지나간 얘기를 기억해 주고 케익까지 준비하시다니. 생일인 내일은 잠비아에서 영락없이 혼자 지내야 하지만 이렇게 전날이라도 M.tree 식구들에게 축하를 받으니 너무 고마웠다.

올 때와 마찬가지로 보민이, 대건이 형과 함께 밤 비행기로 베냉을 떠난다. 나는 나이로비에서 비행기를 갈아타고 잠비아 루사카로, 대건이 형과 보민이는 한국으로. 생일파티를 끝내고 짐을 싸는데 열흘간 사람들과 부대껴 살다가 또 다시 혼자가 될 생각에 이른 외로움이 스멀스멀 올라온다. 케냐 프로젝트 끝나고 잔지바르로 넘어갔을 땐 '1주일 후에 또 베냉팀 사람들 만날텐데 뭐'라는 생각에 이런 기분이 들지는 않았었는데.

다시 홀로 '배낭여행' 시작이다.

잠비아

AFRICA

잠비아

루사카 – 공항부터 심상치 않아

창밖으로 계단차가 다가오고 비행기의 게이트가 열렸다. 코토누보다 위도가 좀 낮아졌을 뿐인데 공기에서 느껴지는 온도는 지구 정반대에 있는 듯하다. 자욱한 안개 사이로 검게 그을린 건물이 보였다. 며칠 전 베냉에서 들은 나이로비 공항의 화재 소식이 생각났다. 불이 꽤 크게 났었고 그 바람에 임시 대기소에서 환승을 해야 한다는 뉴스가 인터넷 여행카페에 올라와 있었다. 가뜩이나 환승시간이 넉넉하지 않아 조마조마했는데 이런 악재라니. 공항직원의 안내를 받아 도착한 대형 천막 안에는 수백 명의 환승객들이 플라스틱 의자에 앉아 불을 쬐며 안내방송을 기다리고 있었다. 한쪽에는 비행기를 탈 사람들이 질서 없이 줄을 서 있다.

'만약에 비행기를 놓친다면?'

덜컥 겁이 나기 시작했다. 안내방송이 나오지도 않았는데 줄을 섰다. 일단 여길 벗어나야겠다. 하지만 이 상황에서 누군들 나와 같이 생각하지 않을까. 마찬가지로 불안해진 사람들은 무자비하게 새치기를 감행했다. 이를 제지하는 사람은 없었고 대기소는 난민촌이 되어버렸다. 미간이 좁혀지고 한숨이 팍팍 나올 때쯤, 공항 직원이 내가 탈 비행기 편명을 든 피켓을 들고 나타났다. 직원의 등 뒤에 바싹 붙어 사람들 사이를 뚫고 당당하게 검색대 바로 앞에 섰다. 이제야 마음이 좀 놓인다.

보통 공항의 모습이 그 나라의 첫인상이 되곤 하는데 루사카 공항은 기대보다 훨씬 좋았다. 깔끔하고 넓다. 바닥의 타일이 하얗게 반짝인다. 비자를 받기 위해 줄을 선 곳에도, 짐을 찾기 위해 기다리는 곳에도 대형 광고판이 자리하고 있다.

나는 무슨 배짱인지 정말 아무 준비 없이 루사카에 왔다. '공항에 똑 떨어졌다'는 표현 그대로였다. 공항에서 일행을 만나 같이 택시비를 나눠타야지, 하는 단순 무식한 계획은 텅텅 빈 터미널을 본 순간 산산조각이 났다. 나 같은 배낭여행족은 아까 잠깐 본 백인 커플이 다였다. 다급해져 그들을 다시 찾았을 땐 이미 사라지고 난 후였다.

플랜 B였던 로컬 버스는 존재하지도 않았다. 무조건 택시를 타야했다. 택시기사는 150콰차(약 3만 원)라고 했다. 제정신이 아니고서야 그 돈을 내고 택시를 탈 순 없었다.

다시 공항 안으로 들어와 일행 사냥에 나섰다. 그때, 어디선가 한국말이 들렸다. 아저씨 두 분이었다. 타국에서 만난 동포를 목적지까지 태워줄 것 같이 인상도 좋았다. 후다닥 쫓아가 말을 걸었다.

"안녕하세요."

"………"

분명히 한국말 하는 거 들었는데.

"여기서 시내로 가는 교통편이 있을까요?(제발 저 좀 태워주세요)"

"………"

"………"

그렇게 알 수 없는 정적이 몇 초간 흐른 뒤 한 아저씨 입에서 나온 말.

"South Korea?"

그 찰나의 순간, 내가 지금까지 가지고 있던 '한국 사람'에 대한 개념의 뿌리가 흔들렸고, 곧 그 범주의 한계가 팽창하자 제정신이 들었다. 에라 모르겠다, 하는 마음으로 계속 말을 걸었다.

"아…. 혹시 시내까지 택시를 타면 얼마쯤 나오는지 아시나요? 아무래도 바가지 씌우는 것 같아서."

"우리는 여기 일하러 온 사람들이라 택시는 안 타봐서 가격은 잘 모르겠네, 허허."

아저씨들도 그제야 한국말로 대답을 해준다.

"네, 알겠습니다. 안녕히 가세요."

잠비아에서 북한 사람을 만나게 될 줄 상상이나 했을까. 아프리카를 여행하면서 Korea에서 왔다고 하면 간혹 South냐 North냐 묻는 사람들이 있다. 그럴 때마다 나는 충고하듯 '당신이 만난 Korean은 전부 South에서 왔다'고 대답하곤 했다. 블랙스완을 두 눈으로 봐버렸으니 이제 그런 건방진 충고는 삼가야겠다.

아저씨들과 헤어지고도 한참을 더 공항에서 서성였다. 아까부터 나를 쭉 지켜보던 한 남자가 기회를 엿보다 내게 다가온다.

"나는 호텔에서 일하는 드라이버야. 택시보다 싸게 태워줄게."

호텔에서 호객을 하러 보냈는데 허탕을 치자 나라도 태울 속셈이군. 유니폼도 입고 차도 번듯하니 사기꾼은 아닌 것 같았다.

"좋아. 루사카 백패커스로 가자."

그를 따라 주차장을 걷는데 아까 내가 택시비를 물어봤던 택시기사가 길을 가로막는다.

"여기서 이러면 안 되는 거 몰라?"

나를 데려가려던 이 드라이버, 뭔가 꼼수를 쓰다 걸렸나 보다. 당당하게 손님 태워가는 거라고 하면 될 것을, 이 소심한 호객꾼은 슬그머니 꼬리를 내리더니 나를 버려두고 그냥 가버렸다. 택시기사는 타라며 고개를 위로 한 번 까딱 흔들더니 내 가방을 번쩍 집어 트렁크에 넣었다. 나도 지쳤다. 자포자기한 마음으로 택시에 타버렸다. 그리고 숙소까지 가는 길 내내 되뇌었다.

'나는 최선을 다했다…. 나는 최선을 다했다….'

카메라 고치러 삼만리

루사카 백패커스는 생각보다는 비쌌지만 깔끔했고 작은 수영장과 미니바가 있어서 귀여운 분위기를 자아냈다. 사실 루사카는 관광지로서는 별로 매력이 없다. 루사카를 여행루트에 넣은 것은 나미비아 비자를 받기 위해서였는데 그 막중한 임무를 아디스아바바에서 해버렸으니 딱히 할 일이 없었다. 그럼에도 불구하고 짐을 풀자마자 숙소를 나온 건 바로 카메라 수리를 위함이었다. 베냉에서의 마지막 날 렌즈 모터가 고장이 나버려서 앞으로의 여행을 위해 서둘러 이 렌즈를 고쳐야 했다. 숙소에서 받은 지도를 가지고 카메라 대리점이 있다는 Manda Hill 쇼핑센터를 향해 무작정 걷기 시작했다.

루사카에 오기 전 이 도시를 상상했을 땐 완전 시장통에 정신없기만 할 것 같았는데 막상 와보니 도로도 잘 닦여 있고 현지 사람들도 외국인이라고 크게 신경쓰지 않는다. 위험하다는 생각이 들지 않는 건 실제로 안전한 건지 아니면 내가 배짱이 두둑해진 건지는 모르겠다. 그래도 이렇게 루사카 거리를 혼자 가방 하나 턱 메고 가끔은 카메라도 꺼내면서 걸으니 다시 여행하는 기분이 난다.

뒤에서 걷던 한 남자가 내 옆에 붙더니 인사를 한다. 그는 눈이 충혈된 채 배를 움켜쥐고 있었다. 어색하게 인사를 받고 주변에 또 누가 다가오지 않는지 살폈다. 다행히 그는 혼자였다. 그렇게 몇 마디를 건네던 그가 갑자기 내게 버스비 좀 줄 수 있냐고 물었다. 옷차림을 보니 그리 사정이 어려워 보이진 않았는데 당황스러웠다. 진짜 아파 보였지만 내 지갑 속에는 큰 지폐밖에 없었다.

"미안. 도와주고 싶은데 난 오늘 루사카에 와서 돈이 없어."

"그러면 내가 널 따라 ATM까지 가줄 수 있어."

이건 좀 위험할 수도 있겠군. 빨리 그를 떼어내야겠다. 대충 둘러대서 헤어지려는데 그가 갑자기 내 이메일 주소를 묻는다. 게다가 적어달라는 것도 아니고 외울 테니 그냥 불러달란다. 만난 지 3분 만에 돈과 이메일 주소를 요구하는 이 남자, 두세 번 내 이메일 주소를 읊더니 빠른 걸음으로 시야에서 사라졌다. 물론 이후에도 이메일은 오지 않았다.

40분을 걸어온 쇼핑몰은 미국이나 유럽의 쇼핑몰 못지않게 훌륭했다. 패스트푸드점, 마트, 전자제품 가게 등 없는 게 없었다. 없는 거라면 내가 애타게 찾고 있는 카메라 수리점. 전자제품 가게 직원을 붙잡고 내가 지금 얼마나 곤란하고 불쌍한 상황인 줄 아느냐고 애걸복걸해도 수리는 불가하다는 이야기뿐이다. 이곳에서 한참 떨어진 다운타운에 있다는 카메라 수리점의 주소를 알아낸 것이 유일한 수확이었다.

이제 그 먼 길을 다시 되돌아 가야 한다. 몇 걸음 걸었는데 도저히 안 되겠다. 너무 덥다. 주위를 둘러보니 버스정류장 비스무리하게 생긴 푯말이 보인다. 바로 버스가 한 대 오기에 일단은 올라탔다. 다행히 다운타운으로 가는 버스였다. 3콰차. 하나도 아깝지 않다. 진작 탈걸.

다운타운은 내가 처음에 상상한 루사카의 모습을 지니고 있었다. 다닥다닥 붙어 있는 건물 사이로 쉴 새 없이 드나드는 차들과 그 차들 사이를 비집고 다니는 행인들의 모습은 숙소 주변에서 느꼈던 느긋함과는 사뭇 달랐다. 인도는 노점상들로 발 디딜 틈이 없었고 틈틈이 차도로 내려와 걸었다가 인도로 다시 올라가길 반복해야 했다. 눈을 씻고 찾아봐도 동양인은 나뿐인데 내게 눈길을 주는 사람은 많지 않았다. 어쩌다 눈이 마주치면 득달같이 다가가 주소가 적힌 쪽지를 코앞에 들이밀며 길을 물었다. 그렇게 하길 수차례 끝에 주소에 적힌 건물 이름 앞에 설 수 있었다. 2층으로 올라가 조심스럽게 하얀 문을 여니 데스크 뒤쪽으로 카메라 부품들이 잔뜩 쌓여 있다. 제대로 찾아온 모양이다.

"이거 고치려고요."

"음…. 1,200콰차(24만 원)."

말도 안돼. 그렇게 대충 보고 안단 말이야? 게다가 24만 원이라니. 차라리 새것을 사고 말겠다. 기껏 어렵게 찾아왔는데 싫으면 말든가, 하는 아저씨의 표정을 보니 속이 부글부글 끓는다. 속으로 '이 도둑놈…!' 하며 두 주먹을 불끈 쥐고 나오는데 가죽자켓을 입은 키가 큰 청년이 스윽 다가온다.

"카메라 고치고 싶으면 따라와."

별 설명도 없이 다짜고짜 앞장서는 그에게 왠지 모를 믿음이 갔다. 밑져야 본전인데 따라가기라도 해보기로 했다. 건물 밖으로 나와 사람들 사이를 뚫고 성큼성큼 걷는 그를 졸졸 쫓아갔다. 그가 나를 데려간 곳은 사진 인화도 하고 카메라도 고쳐주는 스튜디오였다. 걷는 내내 그의 의도를 의심한 내가 민망할 정도로 남자는 어떤 대가도 바라지 않고 휙 사라졌다. 여기서 요구한 수리비는 200콰차였다. 아까 내게

1,200콰차를 불러놓고 선심 쓰듯 1,000콰차로 깎아준다던 그 도둑놈의 얼굴이 생각났다. 역시 아직 세상은 살 만한 것 같다.

내일 찾으러 오라는 말을 듣고 가게를 나오니 시장통 같은 루사카 시내마저 사랑스럽다. 정장을 입은 맹인 악사가 기타를 치고 젊은이들은 축구 유니폼을 입고 낄낄거린다. 나무상자를 목에 걸고 군것질을 파는 소년, 차 트렁크에 걸터앉아 손님을 기다리는 택시기사. 해 질녘 루사카의 풍경이 이제야 눈에 들어온다. 그렇게 생애 첫, 혹은 마지막이 될 아프리카에서의 내 생일이 지나가고 있었다.

리빙스톤에서

도미토리에서 잘 때면 새벽에 몇 번씩 깨곤 한다. 모르는 사람들과 사적인 공간을 공유한다는 사실로부터 오는 경계심 때문인지 귓가에서 엥엥거리는 말라리아일지도 모르는 모기의 존재 때문인지는 모르겠지만.

어제 저녁 8시 도착 예정이었던 버스는 출발 지연과 교통체증이 겹쳐 밤 11시가 넘어 리빙스톤 터미널에 겨우 도착했다. 덕분에 그 유명한 '졸리보이스 백패커스'의 활기찬 분위기를 만끽하며 저녁식사를 하려던 계획은 물거품이 됐다. 자정이 가까운 시간에 식당과 바는 텅 비어 있었고 배정받은 6인실엔 나를 제외한 5명이 이미 자리를 차지하고 잠들어 있었다. 오늘 아침 해가 뜨고 나서야 룸메이트들의 얼굴을 볼 수 있었다.

보통 한중일 3국의 사람들은 외모나 스타일을 통해 서로의 국적을 지레짐작할 수 있다. 하지만 대뜸 어머 안녕하세요, 했다가 곤니찌와 하고 답변이 돌아왔을 경우 발생하는 찰나의 민망함이 두려워 영어라는 지구 반대편의 도구를 통해 탐색을 시작한다. 지금 옆 침대에서 일어난 이 안경을 쓴 남자와 나도 그렇다. 서로 한국인임을 90% 정도는 확신하지만 만약의 사태를 대비해 웨얼알유프롬 따위로 간을 보고 있다. 역시나 한국 사람이었던 그는 먼 곳에서 만난 동포에게 즉석 비빔밥을 하나 남기고 루사카로 떠나셨다.

리빙스톤 시내에 전기 수급이 원활하지 않아 졸리보이스에도 전기가 끊긴 상태다. 일행도 없는데 전기까지 나가니 정말 '더럽게' 할 일이 없다. 뭘 해야 할지 몰라 우왕좌왕하다가 밀린 빨래부터 하기로 했다. 베냉부터 묵혀온 빨래 봉지를 꺼내 마당 뒤편 수돗가에 빨래감을 쏟았다. 분명히 엊그제 빨래를 한 것 같은데 그새 이만큼이나 쌓였다. 다행히 수도는 잘 나온다. 거품도 잘 안 나는 빨랫비누를 씩씩거리며 문지르다 보니 땀이 삐질삐질 나기 시작했다. 친절하게 마련된 건조장에 옷을 착착 펴서 예쁘게 널고 살랑이는 바람에 땀을 식히니 섬유유연제 CF라도 찍는 기분이다.

오늘 바로 빅폴을 가기엔 뭔가 느낌이 안 온다. 세계 3대 폭포를 맞이하기엔 내 기대감, 흥분, 설렘이 완전히 장전되지 못했다. 오늘은 카메라 수리점이나 찾아보며 빅폴을 볼 마음의 준비를 해야겠다. 무슨 말이냐 하면, 어제 루사카에서 마땅히 수리되었어야 할 렌즈가 처음 고장 난 그 상태 그대로 돌아왔다는 것이다. 내 얼굴을 알아본 주인은 그제야 테스트를 해봐야 한다며 내 카메라 본체를 요구했고 이때 직감한 불길한 예감은 틀리지 않았다. 이로 인해 나는 또다시 리빙스톤에서 또다시 거리를 헤매야 했다(결국 카메라 렌즈는 고치지 못했다. 짐바브웨와 보츠와나를 지나 나미비아 스바콥문트에 가서야 새 렌즈를 살 수 있었다).

점심은 아까 받은 즉석 비빔밥으로 때우기로 했다. 처음 보는 즉석 요리였는데 거의 전투식량이라고 봐도 무방했다. 전기가 나가니 정수기에서 뜨거운 물이 안 나와 별 수 없이 찬물을 붓고 자그마치 40분을 기다렸다. 나처럼 입맛이 까다롭지 않고 딱히 못 먹는 음식도, 꼭 챙겨 먹어야 하는 음식도 없는 무던한 사람은 여행할 때 많은 혜택을 받는다. 어디 가면 꼭 이걸 먹어봐야 한다, 같은 욕심이 없으니 음식의 미묘한 맛을 느끼는 기쁨은 못 누릴지 몰라도 시간과 돈, 에너지를 아낄 수 있다. 지금 내 앞에서 불어가고 있는 이 비빔밥도 비록 리빙스톤과 어울릴만한 음식은 아니나 내겐 시간과 돈, 에너지를 아껴주는 소중한 끼니다. 심지어 생각보다 맛도 있어 하나도 안 남기고 다 먹었다.

그래도 아직 오후 2시다. 숙소에 퍼져 있다간 더 무기력해질 것만 같다.

'귀찮더라도 좀 움직이는 게 낫겠어.'

비빔밥에 물을 붓고 기다리는 동안 쓴 엽서를 부치기 위해 다시 밖으로 나왔다. 선크림 따위로는 어떻게 될 것 같지 않은 햇빛을 쬐며 걸었다. 나무 그늘 아래 앉아 있던 한쪽 다리가 없는 아저씨가 '잰 또 어딜 가나' 하고 빤히 날 쳐다본다. 아까도 눈을 마주쳤는데 이번엔 뭐 가벼운 인사라도 해야 할 것 같다.

"혹시 우체국 어디 있는지 아세요?"

"응. 이 길로 쭉 걸어가면 왼쪽에 나올 거야."

"오케이. 땡큐."

"땡큐."

아프리카에 와서 재미있다고 느낀 것 중 하나가 바로 이렇게 땡큐라고 하면 땡큐라고 대답한다는 것이다. 아무리 봐도 그쪽이 나한테 고마워할 일이 없는 경우에도 말이다. 'You're welcome'도 아니고 'No problem'도 아니고 왜 땡큐일까. 내가 고맙다고 해줘서 그게 고마운 건지 아니면 그냥 땡큐는 땡큐로 답한다, 뭐 이런 건지 아무튼 듣고 나면 기분은 좋다.

아마 내일은 오늘과 달리 바쁜 날이 될 것 같다. 아침에는 빅폴 위를 날아야 하고 오후엔 폭포 보고 감동을 받아야 하고 한참을 걸어 국경을 넘어야 한다. 그리고는 트럭킹이 시작되는 캠프에 도달해 투어리더를 만나야 한다. 살짝 풀어진 고삐를 다시 당겨야 할 때가 온 것 같다.

빅폴을 날다

역시 비싼 돈을 받는 액티비티 회사는 다르다. 이른 아침이었음에도 불구하고 픽업차량은 약속시간보다 먼저 와 있었다. 그전에 경험한 게 있어서 한 30분은 기다릴 각오로 나왔는데 드라이버가 씩 웃고 있어

도리어 당황했다. 호텔을 돌면서 몇 명을 더 태우더니 금방 사무실에 도착했다. 기다리면서 비행기도 구경하고 커피라도 한 잔 하려던 내 계획은 실패했다. 금액을 지불하자마자 수트로 갈아입(혀졌)고 직원들의 채근에 떠밀려 순식간에 비행기에 올랐다. 자리에 앉고 벨트를 메는 동안 한 마디도 하지 않던 무뚝뚝해 보이는 조종사는 내가 헤드셋을 착용하고 나니 그제야 반가운 인사를 건네며 자기를 소개한다. 18년간 아프리카에서 하늘을 날았다는 독일인 Anita 씨. 18년이라는 그의 경력이 사방이 뻥 뚫린 2인승 비행기에 몸을 실어 불안한 내 마음을 조금은 안심시켜 준다.

비행기는 조금씩 움직이기 시작해 활주로의 끝으로 이동한다. 긴장되는 순간, 모터가 굉음을 낸다. 비행기는 힘차게 달리더니 금방 붕 뜬다. 아, 난다.

찬 아침 공기와 비행수트가 펄럭거리는 소리에 잠깐 정신을 놓은 사이, 떠오르는 태양에 붉게 물든 빅토리아 폭포의 수증기가 보이기 시작했다. 비행기가 더 높게 날수록, 그리고 폭포에 가까워질수록 나는 손잡이를 꽉 쥐었다. 그리고는 오감을 활짝 열었다. 찬 바람, 붕 떠 있는 느낌, 모터소리, 잠베지 강, 파일럿과의 대화. 그 느낌들을, 그 순간의 감정들을 최대한 느끼고 오랫동안 기억하고 싶었다. 그리고 모습을 드러낸 빅토리아 폭포. 일출에 반사되어 폭포 아래쪽부터 올라오는 수증기는 붉게 빛나고 있다. 내가 탄 비행기가 바로 그 위를 날고 있다. 옆서에서 볼 때는 아니었지만 하늘을 날면서 폭포를 보던 순간, 빅토리아 폭포는 내 것이 된듯했다.

짧은 비행을 마치고 돌아가는 길, 파일럿 아저씨가 내게 운전을 해 보라며 운전바를 넘겼다. 무섭기도 하고 어찌해야 할 바를 몰라 좌우로 찔끔찔끔 움직였다. 아저씨는 답답했는지

"확 잡아당겨봐."

네? 뭐 이렇게요? 몸쪽으로 당기니 비행기가 앞으로 후욱 하고 나갔다. 오호, 이런 원리로 작동되는 것이었군. 아저씨가 묻는다.

"여행은 왜 시작했지?"

"뭘 해야 할지 몰라서요."

딱히 할 말이 없어서 생각 없이 내뱉은 대답에 아저씨는 자기도 같은 이유로 아프리카에 왔다면서 갑자기 진지한 얘기를 시작하셨다. 이 짧은 비행에, 1초라도 더 지금의 기분을 느껴야 할 그 순간에 난생 처음 보는 아저씨와 인생 얘기를 하게 되어 약간 당황스러웠지만 뭐 그리 나쁘진 않았다. 착륙 후 그는 나를 위해 기도해 준다는 말과 함께 명함을 건네셨다.

사무실로 돌아와 비행 중 찍힌 사진을 확인했다. 날개 끝에 달린 카메라가 몇 초 단위로 자동으로 찍게 되어 있었다. 그런데 스크린에 보이는 사진은 대부분 초점이 나가 있고 그나마 제대로 찍힌 건 내가 반대편을 보고 있었다. 그래도 빅폴을 날고 있는 내 모습이 담긴 거라 안 살 수는 없었다. 22불이나 줬다. 옆 사람 것도 슬쩍 봤는데 선명하게 잘 나와서 더 속상했다.

(그리고 그 망할 22불짜리 사진 CD는 며칠 후, 내 가방 속에서 두 동강이 난 채로 발견됐다. 너무 억울해서 메일을 보내 혹시 이메일로 다시 보내줄 수 있냐고 물어봤는데 찾아보겠다는 답변이 왔을 뿐, 결국 받지 못했다)

드디어 빅토리아 폭포

숙소에서 짐을 챙겨 셔틀을 타고 빅토리아 폭포 국립공원 입구에 도착했다. 빅토리아 폭포는 잠비아와 짐바브웨의 국경에 있어 시간이 넉넉한 관광객들은 양쪽을 다 보고 그렇지 않은 경우는 보통 짐바브웨 쪽만 본다. 나이아가라 폭포로 치면 미국 쪽이 잠비아, 캐나다 쪽이 짐바브웨 되시겠다. 이과수로 친다면 브라질 쪽이 잠비아, 아르헨티나 쪽이 짐바브웨. 어쨌든 나는 시간이 많으니까 양쪽 다 볼 수 있다. 셔틀에서 내린 사람들이 몰려가는 쪽으로 그냥 따라갔다가 하마터면 바로 국경을 넘을 뻔 했다. 잠비아 쪽을 안 보고 바로 국경을 넘는 사람이 더 많은가 보다.

입장료 100콰차를 내고 국립공원에 입성했다. 다행히 검표하는 곳에서 짐을 맡아주기도 한단다. 다행이었다. 이 큰 녀석을 안 메고 다녀도 돼서. 가장 먼저 보이는 것은 폭포가 아니라 리빙스톤 동상이다. 서양 역사의 기준으로 가장 처음으로 빅폴을 발견한 사람이다. 그래서 이 사람의 이름을 따서 도시 이름도 리빙스톤이 되었다.

몇 발짝 더 걸었을 뿐인데 물소리가 빠르게 가까워진다. 수풀들이 시야에서 걷히고 빅토리아 폭포가 모습을 드러내기 시작했다. 건기라 그런지 확실히 물줄기가 얇다. 얇은 물줄기들이 절벽을 따라 이어져 폭포가 된다. 우기에는 물보라가 심해 시야를 방해할 정도이고 사람들이 수영복을 입고 다닌다는데 건기인 지금은 어쩌다 한 번씩 안경을 닦는 정도다. 깊이 들어갈수록 폭포는 웅장해지고 소리 또한 장엄해지지만 세계 3대 폭포라는 명성에는 살짝 아쉬운 모습이다.

사람들이 많이 찾는 곳에는 어김없이 타이틀이 붙는다. '지구의 허파'라든지 '세상에서 가장 큰 거울' 같은 과장 섞인 별명이 만들어지기도 하고 세계 3대 미항, 세계 7대 불가사의처럼 어떠한 기준으로 순위를 매겨놓고 맨 위에 자리 잡은 몇 개만이 뚝 잘라져 소개되기도 한다. 사람들은 열광한다. 설령 관광객들을 끌어들이기 위해 누군가 만들어낸 상술이라고 할지라도 개의치 않는다. 선택이 폭이 좁을수록 우리는 행복하기 때문이다. 그런 우리를 위해 누군가 리스트를 만들고 순위까지 매겨놓았으니 그 이유가 무엇이 됐든 참으로 고마운 일이다. 우리는 그중 맨 위에 있는 것들 몇 개를 입맛대로 고르면 된다. 나 역시 '세계 3대'라는 말에 이끌려 여기까지 왔다. 전 세계 수 십만 개의 폭포 중에 세 손가락 안에 든다니 얼마나 대단할까. 하지만 우습게도 나는 이 충

분히 멋지고 아름다운 폭포를 보고도 나를 이끌고 온 그 '세계 3대'라는 틀에 갇혀 실망하고 있었다.

관광객이 적어 폭포를 오른편에 두고 느리게 걸었다. 어느덧 잠비아 쪽에서 가장 깊숙한 곳인 Dangerous Point에 도착했다. 도착하면 이름의 이유를 알게 될 수 있을 것 같았는데 잘 모르겠다. 하나도 위험해 보이지 않는데 펜스 밖으로 떨어지지 말라고 겁주는 건가. 아무튼 이곳은 이름과는 상관없는, 건너편으로 '빅토리아 폴스 브릿지(Victoria Falls Bridge)'가 보이는 전망대쯤이라고 보면 될 것 같다. 빅폴 브릿지는 번지점프로 유명한 다리다. 높이는 111m. 2년 전 여기서 번지점프를 했다가 줄이 끊겨 잠베지 강으로 추락한 호주 여성이 발이 묶인 채로 헤엄쳐 살아남아 여행자보험 광고 모델이 됐다는 웃지 못할 사건이 벌어진 바로 그곳이다. 그 이후로 번지점프 운영 회사가 바뀌었다고는 하는데 사고장면과 그녀의 인터뷰를 동영상으로 보고 나니 도저히 할 엄두가 안 났다. 어쨌거나 번지점프를 안 하더라도 짐바브웨로 가기 위해서는 저 다리를 건너야 한다.

가장 깊숙이 들어갔으니 이제는 다시 돌아나올 차례다. 폭포 상류 쪽 뷰포인트도 잠시 들렀다가 간이 매점 같은 곳에서 쉬면서 목을 축였다. 그 다음 목적지는 Boiling Pot. 폭포의 아래 쪽까지 내려가는 코스로 폭포는 보이지 않지만 빅폴 브릿지와 잠베지 강을 가까이서 볼 수 있는 곳이다.

출발한 지 얼마 되지 않아 헥헥거리며 올라오는 건장한 현지 남성들을 만났다. 다 죽어가는 얼굴을 하고 있기에 만만치 않은 코스가 되겠다 싶어 마음을 다잡았다. 한참을 내리막을 따라 걸으니 평지가 나타났고 초반에 하나둘 보이던 관광객들도 언제부턴지 안 보인다. 국립공원 안이지만 나 홀로 정글에 떨어진 것만 같다. 낮인 데다 화창한 날씨였는데도 무서워졌다. 그중 가장 나를 불안에 떨게 했던 것은 길목마다 나타나는 바분(개코원숭이)이었다. 그 게슴츠레한 눈빛이 그렇게 위협적으로 느껴지지 않을 수 없었다. 녀석들과 눈이 마주치면 얌전히 눈을 깔고 가방을 꼭 쥐고 천천히 걸었다.

이제 도착할 때가 됐는데, 할 때쯤이었다. 전방 수십 미터 앞에서 심상치 않은 소리가 들렸다. 사람이 소리지르는 것 같기도 했고 새소리 같기도 했다. 소리가 점점 커졌다. 소리만 커진 게 아니라 나무와 수풀들이 흔들리기 시작했다. 무언가가 빠른 속도로 다가오고 있다는 걸 직감

적으로 알았다. 바분이었다. 커다란 바분이 나를 향해 미친 듯이 달려오고 있었다. 내가 여태껏 본 바분들 중에 제일 크다. 이미 충분히 놀랐는데 0.2초쯤 후 더 놀랐다. 그 놈보다 더 큰 놈이 나타난 것이다. 둘은 추격전 중이었다. 아무도 없는 오솔길. 집채만 한 바분 두 마리가 나를 향해 돌진해 오고 있는 상황이다. 이 모든 게 수초 만에 벌어진 일이었다.

두 녀석이 쫓고 쫓기다 만만하게 보이는 '인간'을 발견한다. 그가 멘 가방엔 바나나라도 들어 있을 것 같다. 두 놈은 목표를 바꿔 그를 공격한다. 결국 나는 잠비아에서 원숭이에게 만신창이가 되어 병원으로 후송된다.

끔찍한 시나리오가 내 머리를 스친다. 쟤네들이 지금 저 속도로 나를 향해 돌격해 올 경우 입을 데미지를 생각하니 내가 먼저 공격을 해야겠다는 계산이 나왔다. 발을 걸까? 나뭇가지로 때릴까? 내가 전략을 구상하는 그 짧은 순간, 녀석들은 코앞까지 다가와 있었다. 어떡하지? 아직 결정을 못 했는데? 하지만 내 몸은 두뇌회전과는 관계없이 완전히 굳어 얌전히 그들에게 길을 내줬고 녀석들은 나 따위는 안중에도 없다는 듯이 내 옆을 쌩~ 지나갔다. 그렇게 난 살아남았다. 휴.

Boiling Pot에서 돌아오는 길에도 바

분을 만났다. 두 녀석이 아까 내가 공격받을 뻔한 그 좁은 길을 막고 팔자 좋게 서로 털을 골라주고 있었다. 옆으로 살짝 비켜가면 안 되냐고 물어보니 옆에 있던 현지 가이드가 눈을 동그랗게 뜨고 절대 안 된다며 고개를 젓는다. 얘네들이 볼일을 마치고 자리에서 일어날 때까지 기다려야 한다, 지나가려고 하면 길을 터줘야 한다, 우리 옆을 지나갈 때도 절대 놀라거나 동요하지 마라, 같은 행동지침까지 알려준다. 그렇게 만물의 영장 대여섯 명은 직립보행도 못하는 원숭이의 미용행위를 한참이나 지켜봐야 했다.

잠시 후, 나는 빅폴 브릿지에 찍 그어져 있는 흰 선을 넘어 짐바브웨로 넘어갔다.

짐바브웨

AFRICA

짐바브웨

드디어 빅토리아 폭포 2

30달러를 내고 짐바브웨 비자를 받았다. 여권이 한 페이지씩 장식될 때마다 도장 깨기를 한 것처럼 뿌듯하다. 50불인 줄 알았던 비자가 30불이었던 건 덤이다. 비자를 받고 2차선의 포장도로 위를 걸어 빅폴 브릿지 위로 올랐다. 다리 중간에 있는 흰 선만 폴짝 넘으면 그때부터 짐바브웨다.

'WELCOME TO ZIMBABWE'

한참을 더 걸어 도착한 국경사무소 앞 초록 간판엔 무려 대문자로 환영인사가 걸려있다.

아침 일찍 일어나 비행기도 탔지, 잠비아 쪽 빅폴도 봤지, 또 원숭이들이랑 한 판 붙을 뻔했지 여러모로 지친 일정이라 짐바브웨에 넘어와서는 바로 숙소로 갈 계획을 하고 있었다. 그런데 국경을 통과해 숙소로 가는 길, 짐바브웨 쪽 빅폴 국립공원 입구가 바로 보이는 게 아닌가. 그때 시각이 오후 2시 반 정도. 고민이 되기 시작했다. 여기서 숙소까지도 꽤 걸어야 하는데 온 김에 들를 것이냐, 아니면 내일 천천히 다시 와서 볼 것이냐. 그 앞에 쭈그려 앉아 쉬면서 잠시 고민을 하다가 결국 들어가기로 했다. 당장 폭포가 보고 싶다기보다는 기왕 나온 김에 모든 미션을 클리어하고 내일은 하루 종일 쉬고 싶었기 때문이다.

녹초가 된 몸으로 들어간 짐바브웨 빅토리아 폭포 국립공원. 피곤함을 위로해 주듯 메인 폴에 가기도 전에 무지개가 날 반긴다. 저만치 보이는 폭포에 다시 힘이 난다. 잠비아 쪽과 마찬가지로 물이 떨어지는 맞은편 절벽 위를 걸으며 폭포를 볼 수 있도록 길이 나 있었다. 점점 커지는 물소리가 귀를 때린다. 소리만 들어도 아까와는 차원이 다른 폭포가 나를 기다리고 있을 것만 같다. 한 걸음 두 걸음 걸을 때마다 세 걸음 네 걸음만큼 커지는 소리. 두근두근 떨리는 마음으로 나무들 사이를 헤치니 드디어 빅토리아 폭포 메인폴이 모습을 드러냈다. 잠비아 쪽과는 비교가 안 될 정도로 굵은 물줄기가 사정없이 곤두박질치고 있다. 절묘한 위치에 자리 잡은 무지개는 작위적이라고 생각될 정도로 폭포와 아름답게 어우러진다.

메인폴 뷰포인트를 지나도 폭포는 계속 이어진다. 길게 뻗은 폭포를 걸으면서 계속 볼 수 있다. 걷다가 지치면 절벽에 걸터앉아 맞은편에서 쏟아지는 폭포를 바라보면 된다. 한참을 그러고 있노라면 내 모든 감각은 저 물줄기에 압도되어 내 눈앞의 폭포가 이 세상의 전부가 되어버린다.

사진을 찍어줄 사람이 없어 타이머로 셀카도 찍어봤지만 제대로 나온 게 거의 없다. 혼자 절벽에 걸터앉아 다리만 대롱대롱 움직여 본다. 멍하니 앉아 있다가 아래를 쳐다보면 중력에 의해 물이 떨어지는 것이 아니라 보이지 않는 곳에서 어떤 거대한 힘이 세상의 모든 것을 빨아들이는 것만 같다. 순간 아찔해져 몸을 슬그머니 뒤로 뺐다. 풍경이 지루해져 일어나 볼까 하면 내 마음을 어떻게 알고 폭포는 쌍무지개를 띄워 나를 붙들어 놓는다.

폭포를 보기엔 꽤 늦은 시간이라 그런지 사람이 거의 없었다. 혼자 걷다가 앉아서 폭포를 보고 또 다시 일어나 걷고를 반복했다. 그렇게 끝까지 걸으니 아까 내가 서 있었던 잠비아 쪽의 Dangerous Point가 보인다. 그제야 빅폴을 다 봤다는 성취감이 몰려왔다. 이제 돌아가자.

돌아가는 길에도 아까 봤던 폭포들을 지나치지 않았다. 다시 찾은 메인폴의 무지개는 아까와 같은 자리에서 더욱 선명하게 빛나고 있었다. 나도 같은 자리에 서서 폭포를 자세히 들여다봤다. 이전까지 폭포가 주는 웅장함과 장엄함에 감탄했다면 지금은 조금 더 차분한 마음

멀리 보이는 악마의 수영장(Devil's Pool). 저걸 왜 안했나 여태 후회가 된다.

애들은 어딜 가나 애들이다.

으로 흘러내리는 물줄기 중에 한 곳을 응시한다. 내가 바라보고 있는 것은 순간 모습이 흐트러지더라도 이내 다시 자기 자리를 잡으며 역동성과 정체성(停滯性)을 동시에 드러낸다. 세상에 폭포 같은 게 또 있을까 하고 느낀 것만으로도 늦은 오후 무리해서라도 빅폴을 찾은 것이 아깝지 않다.

트럭킹의 시작을 앞두고

그렇다. 내가 아프리카 여행의 하이라이트로 꼽고 있는 트럭킹이 이제 시작되려 한다. 짐바브웨, 보츠와나, 나미비아를 거쳐 남아공 케이프타운까지 약 20일간 진행되는 이 트럭킹을 기대하는 것은 낮에는 아프리카의 엄청난 장관들을 즐기고, 밤에는 모닥불 주위에 옹기종기 모여앉아 얘기를 하는 바로 그런 낭만 때문이었다(물론 짐바브웨~케이프타운 루트가 혼자서 여행하기는 버거운 측면도 있다). 바로 그 하이라이트가 오늘부터 시작되니 아침부터 눈이 번쩍 떠졌다. 첫 미팅은 오후 늦게 잡혀 있어 그때까지는 그냥 푹 쉬기로 했다. 침대에서 뭉그적거리다가 정말 혹시나 카메라 가게가 있을까 하는 마음에 타

Q) 트럭킹(오버랜드 투어)란?

A) 다국적 여행자들이 그룹을 이루어 트럭을 타고 아프리카를 육로로 여행하는 투어방식. 일종의 패키지 여행이지만 가이드가 A부터 Z까지 모두 책임지고 여행자는 그냥 즐기면서 가이드를 부려먹기만 하면 되는 어르신들 동남아 여행과는 사뭇 성격이 다르다.

(개념미디어 바싹 – 카방고로 누비는 아프리카의 낭만, 김황)

출처 : www.africatravelco.com

운 쪽으로 슬리퍼를 찍찍 끌고 나왔다.

루사카와 리빙스톤에서 렌즈 고치기를 실패한 후, 아예 새 렌즈를 사기로 마음 먹었다. 세계적인 관광도시인데 수리점은 없어도 파는 곳 하나 정돈 있겠지. 일단 제일 커보이는 쇼핑센터를 가볼까. 없군. 저긴 뭐지 전자제품 파는 곳 같은데. 아, 휴대폰밖에 안 판다고? 망했다. 결국 망가진 렌즈를 들고 트럭킹을 떠나야 할 지경에 이르렀다. 그래도 끝까지 최선을 다 했으니 후회는 없다. 아, 눈물.

맛있는 음식이라도 좀 먹어야 위로가 될 것 같았지만 그러기엔 내 처지가 그리 넉넉하지 않다. 괜히 모르는 식당에 들어갔다가 음식을 잘못 시켜 돈만 날릴 수도 있다. 여긴 물가가 결코 싸지도 않던데. 싸고 안전한 메뉴들이 진열되어 있을 슈퍼마켓에 갔다. 눈에 들어오는 식빵 한 묶음을 집고 버터와 땅콩잼을 골랐다. 짐바브웨가 USD를 공용 화폐로 쓰고 있다는 사실은 알았지만 캐셔가 거스름돈을 달러로 주는 장면을 보자 뭔가 낯선 기분이 들었다. 그리고 가장 충격적이었던 것은 한때 미국에서 한동안 발행되지 않아 '행운의 2달러'로 불렸던 2달러짜리 화폐가 꼬깃꼬깃한 상태로 계산대를 들락거리고 있었다는 것이다. 맙소사. 나는 만나는 사람들 중 오랜 인연이 되고 싶은 사람들에게만 선물하려고 빳빳한 2달러짜리를 여러 장 가지고 다녔는데 여기선 그냥 이황 선생이 그려진 천 원짜리와 다를 바 없이 마구 굴러다니고 있다니.

케냐에서 마사이마라 사파리 투어가 끝났을 때가 생각났다. 운전기사였던 찰스가 일행 중 먼저 떠나는 나를 살짝 불러 팁 얘기를 했었다. 팁으로 주기엔 큰 액수의 지폐밖에 없어 행운의 2달러를 꺼내어 보여주니 눈을 흘기며 '난 그거 필요 없어'라고 해서 무척 당황스러웠다. 결국 1달러짜리를 몽땅 모아서 8불을 팁으로 줬는데, 그가 2달러짜리를 보고도 시큰둥했던 이유를 이곳 짐바브웨 빅폴 슈퍼마켓에 와서 알게 된 것이다.

길바닥에 앉아 식사(시간상 브런치라고 할 수 있겠다)를 마치고 우체국에 들렀다. 트럭킹이 시작되면 또 언제 엽서를 쓸 수 있을지 모르니 시간 있을 때 미리미리 보내야 한다. 우체국 내부엔 손님이 편히 앉아 엽서를 쓸 수 있는 테이블 같은 건 없다. 밖으로 나와 걸터앉을 곳을 찾았다. 불편하게 앉아 정성스럽게 엽서를 썼다. 편지는커녕 손글씨 자체를 쓸 일이 별로 없다 보니 엽서를 서너 개 쓰고 나면 손이 뻐근해지지만 숙제라도 제출한 기분이다. 흐뭇하게 엽서를 바라보다가 침을 잔뜩 묻혀 우표를 붙인 후 우체통에 쏙 넣으면 끝.

숙제까지 제출했겠다 가벼운 마음으로 자리를 일어났는데 아까부터 주위를 맴돌던 카우보이 모자를 쓴 아저씨가 손짓을 한다. 내가 멀뚱멀뚱 서 있으니까 주위를 살피며 나에게 조심스럽게 다가오는 그. 주머니

에서 무엇인가 주섬주섬 꺼내어 내게 은밀히 보여주는데 그것은 바로 Fifty Billion Dollars. 자그마치 500 억 달러짜리다. 짐바브웨는 지금은 USD를 쓰지만 몇 년 전만 해도 미친 인플레이션으로 현지 화폐단위가 billion까지 등장할 정도로 올라갔었다. 그래서 간혹 이렇게 옛날 짐바브웨 화폐를 달러로 싸게 바꿔주겠다며 접근하는 현지인이 있다. 물론 그런 수작에 속는 관광객은 아무도 없지만 기념품으로 하나 갖고 있는 것도 괜찮을 것 같다. 1달러에 팔겠다는 걸 50센트로 깎아서 샀다(나중에 Trillion짜리 지폐가 있다는 걸 알고 땅을 치고 후회했다).

숙소로 돌아오면서 어느 가게 통유리에 비친 내 모습을 보게 됐다. 까맣게 타고 삐쩍 마른, 머리가 덥수룩한, 슬리퍼를 질질 끌고 다니는, 나오기 싫은데 억지로 밥 먹으러 나온 게으른 여행자 한 놈이 보였다. 안 되겠다. 이발이라도 해야겠다. 아니면 머리도 기른 김에 브레이드 스타일을 한번 더 해볼까. 마침 보이는 'Hair Salon' 간판. 오호라, 타이밍 한 번 좋다. 문을 열고 들어가니 시선이 집중된다.

"브레이드 머리를 하고 싶어."

"50달러."

왜 이렇게 비싸.

"나 탄자니아에서는 10불도 안주고 했는데?"

그랬더니 여기저기서 터지는 웃음. 뭐야…. 어이없다는 거야 아니면 사기 치려다 들켜서 그런거야?

"아무튼 좀 깎아줘."

"40달러."

10불이 그냥 내려가네.

"30달러로 해줘."

"오케이."

쳇. 처음부터 50달러는 아니었구만. 여전히 비싼 가격이지만 40%나 깎았다는 사실에 만족하고 2시에 예약을 했다. 그런데 붙일 가짜 머리는 따로 사와야 하는 것이 조건이었다. 가짜 머리를 파는 화장품 가게를 찾아 주인에게 물어봤다. 내가 이제 미용실에서 30불을 주고 브레이드를 할건데 이 가격이 과연 적당한지. 그녀는 약간 비싸다고 했다. 그러면서 자기네 가게 안쪽에 딸려 있는 미용실로 날 안내했다. 바로 영업에 들어간거다. 가게 안 구석에 나 있는 조그만 문을 여니 거기에 작은 헤어샵이 있었고 아줌마들이 1열로 앉아 열심히 머리를 하고 있었다. 자기네 가게에선 20불에 해준다기에 15불로 깎았다. 이 정도 가격이면 1주일만에 풀어도 후회는 없겠다. 주인 아줌마는 안에는 자리가 없으니 여기에 앉으라며 계산대 앞에 플라스틱 의자 하나를 턱 놓는다. 손님이 왔다 갔다 하는 곳에 앉아 머리를 하게 된 이 상황이 황당하면서도 재미있다. 그렇게 거울도 없이 나의 두 번째 브레이드가 시작됐다.

우리나라 옛 미용실을 연상시키듯 직원들은 내가 머리 하는 걸 구경하며 호구조사를 시작했다. 스물일곱 살이고 한국에서 왔으며 이제 곧 보츠와나로 넘어간다, 이 정도 답변을 했다. 호구조사가 끝나자 나도 이것저것 물어봤는데 한 마흔은 됐겠거니 했던 풍채가 좋은 애기 엄마는 스물세 살이었다. 세상에.

어느덧 트럭킹 프리미팅 시간이 됐다. 새 머리를 하고 새 학년에 올라가는 초등학생의 마음으로 모임장소로 갔다. 투어리더(가이드란 말 대신에 투어리더라는 말을 쓴다)인 '오너리'가 사람들을 기다리고 있었고 사람들은 속속 모여들어 동그랗게 둘러 앉았다. 이 사람들이 앞으로 20일간 나와 함께 할 사람들이다. 어색한 눈인사. 그리고 이어지는 침묵. 화기애애할 거라고 예상했던 첫 만남은 오너리의 일방적인 안내사항 전달만으로 진행했다. 절반 정도가 중년 이상의 부부, 나를 제외한 전부가 백인, 독일 사람 넷을 제외한 전부가 영국, 캐나다, 호주 등 영어권 국가 출신. 이 정도가 내가 프리미팅에서 얻어낸 정보다. 미팅이 끝나자 다들 섭섭할 정도로 빠르게 흩어지는데 캐나다 커플 한쌍이 다가온다.

레스트 캠프 내 우리 멤버들이 지내는 캠핑싸이트.
앞으로 자주 보게 될 풍경이다.

"우리도 한국에서 왔어."

무슨 소린고 자세히 들어보니 이들은 한국에서 4년 동안 영어강사로 일했고 고국으로 돌아가기 전 아프리카를 여행하고 있는 중이었다. Yang Jae Dong이나 Kimbab Heaven 같이 아프리카에서 들을 것이라고 생각 못했던 반가운 명칭이 나오니 타지에서 오랜 친구를 만난 것만 같다.

이때까지만 해도 나는 앞으로 다가올 시련에 대해 전혀 알지 못했다.

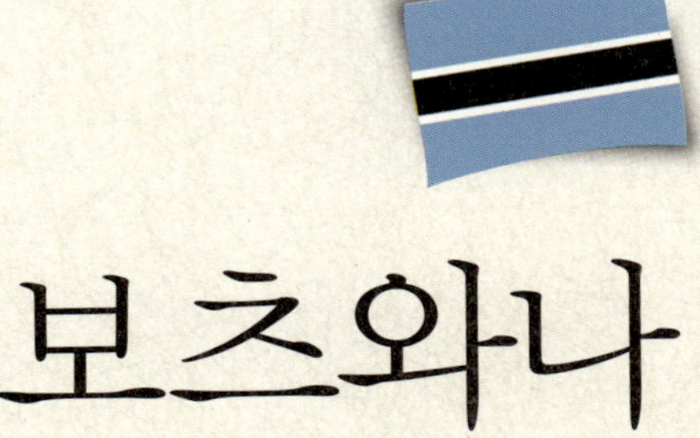

보츠와나

AFRICA

보츠와나

악몽의 시작, 초베국립공원 1

트럭킹 이틀째. 잔지바르에서 만났던 황이가 한 말이 무슨 뜻인지 정확하게 이해할 수 있게 됐다.

'형도 아마 처음 2~3일 정도는 쭈구리처럼 있게 될 거예요.'

어제 레스트 캠프를 떠나기 전 샤워를 하고 모닥불 주위에 둘러 앉아 있는데 내가 상상한 화기애애는 개뿔, 호주, 영국, 뉴질랜드, 독일에서 온 친구들이 하는 얘기를 반도 못 알아들었다. 이거 어떡하냐 이제.

텐트에서 자고 일어난 첫날인 오늘 아침엔 내가 텐트를 접으려 낑낑대고 있으니 옆에서 지켜보시던 호주 할머니가 와서 도와주시면서 이런저런 말을 하신 것 같은데 그때도 당최 무슨 말씀을 하시는지 못 알아들었다. 그 후 자신감은 급격히 하락하여 출발 전 다들 삼삼오오 모여서 얘기를 나눌 때도 다가가지 못하고 혼자 애꿎은 카메라만 만지작거렸다. 아, 내가 이렇게 쑥맥이었나.

트럭이 출발한 지 30분 만에 보츠와나 국경에 도착했고 대부분의 멤버들이 보츠와나 비자가 따로 필요 없는 상황이라 쉽게 입국수속을 마쳤다. 트럭이 출발한 직후 오너리가 자리에서 일어나서 하루 일정을 안내하고 주의사항을 전달한다. 며칠 뒤 있을 오카방고 델타 2박 3일 일정에 필요한 현금 160달러를 내일까지 준비하라는 얘기도 함께.

그제야 내 텅 빈 지갑이 떠오르며 머릿속이 하얘졌다. 어떡하지? 보츠와나는 ATM에서 달러가 안 나올텐데? 큰일났다. 옆 자리에 앉은 조엘한테 빌려볼까? 아니야, 나이 드신 분들이 손주 같다고 쉽게 빌려주실지도 몰라.

이딴 생각부터,

그냥 트럭킹 말고 혼자 여행할걸. 친구들이랑 오면 진짜 좋겠다. 지금이라도 그냥 환불받고 혼자 다닐까.

이런 현실성이라곤 전혀 없는 생각까지. 정말 한숨만 푹푹 나왔다. 여태껏 순탄했던 나의 여행에 그렇게 계속 니 맘대로 될 것 같냐며 누군가 장난을 치고 있는 게 틀림없다.

국경을 지나 초베국립공원에 들어가기 전 마트에 들러 각자 필요한 물품을 살 시간이 주어졌다. 어제는 오너리의 매트를 빌렸는데 오늘은 앞으로 20일간 쓸 매트를 사야 한다. 둘둘 말 수 있는 매트는 없어서 바람을 불어넣어야 하는 튜브형 매트를 샀다.

이제 캠핑장에서 점심을 먹고 좀 쉬다가 초베국립공원으로 들어가서 1박 2일 동안 사파리를 한다. 물도 전기도 없는 곳에서 만 하루를 지내게 되는 것이다. 다른 짐들은 다 이 캠핑장에 두고 1박 2일 동안 필요한 것들만 간단히 챙겼다. 스무 명이 한번에 탈 수 있는 큰 사파리 차가 캠핑장으로 왔고 나는 또 바보같이 혼자 멀뚱멀뚱 있다가 동물을

보기 제일 힘든 맨 뒷자리에 앉게 됐다.

차가 덜컹거리며 초베국립공원으로 들어간다. 가장 먼저 보이는 것은 이름 모를 동물의 두개골. 크기가 굉장히 크고 뿔이 있는 걸 보니 버팔로 같기도 하다. 마사이마라와 마찬가지로 입구 근처에는 작은 초식동물들만 있고 점점 들어갈수록 큰 동물들이 나타난다. 조용한 분위기가 웅성거리기 시작한 건 기린이 처음 보였을 때였다. 기린이 두 마리가 목을 뻗어 나뭇잎을 뜯어 먹고 있다. 기린만 가지고 놀라기엔 다들 이미 아프리카를 충분히 경험했지만 이것은 곧 다른 녀석들이 나타날 거라는 조짐이기에 기대감은 점점 커져갔다.

초베국립공원의 대표 동물은 바로 코끼리다. 세계에서 가장 큰 집단을 형성하고 있는 보츠와나의 코끼리는 그 수가 약 12만이라고 하니 정말 어마어마하다. 코끼리가 쉽게 눈에 띄는 걸 보니 확실히 그 말이 맞는 것 같다. 여길 봐도 코끼리 저길 봐도 코끼리다. 그렇다고 초베에 코끼리만 있는 것은 아니다. 등에 새를 얹고 평온하게 풀을 뜯는 하마 가족, 라이언 킹의 품바보다 훨씬 무섭게 생긴 흑멧돼지, 꽈배기처럼 꼬인 뿔을 가진 이름 모를 초식동물(나중에 알아보니 '쿠두'라는 녀석이었다)까지 다양한 동물들이 사방에서 등장하여 지루할 틈이 없었다.

또한 초베는 서식동물 이외에도 전반

쿠두(Kudu)

적인 분위기가 마사이마라와는 완전히 달랐다. 푸른 벌판 뒤로 초베 강이 흐르고 물을 마시려 힘겹게 다리를 굽히고 있는 기린, 그리고 건너편에 무리 지어 있는 코끼리 가족. 시즌이 달라서 그런지 모르겠지만 처음 본 초베는 마사이마라보다 풍요로워 보인다.

그림자들이 길어질 무렵 한쪽에서 이동하는 코끼리 떼를 만났다. 십여 마리가 일렬로 줄을 지어 어디론가 향하고 있다. 새끼 코끼리들이 어른 코끼리들 사이에 껴서 걷는다. 대열을 미리 정해놓은 듯 열을 이탈하는 코끼리는 하나도 없고 어른 코끼리는 새끼 코끼리 뒤에 딱 붙어서 천천히 이동한다. 모든 것이 새끼 코끼리를 보호하기 위함 같다.

내 옆에 앉은 아저씨는 카메라를 2개나 몸에 X자로 걸고 열심히 사진을 찍는 호주 사람이었다. 이름은 토니. 옆에 앉았으니 자연스럽게 몇 마디를 하게 됐는데,

"!@#3!$#%*. Huh?"

"…………?!?!"

이게 영어인지 보츠와나어인지 정말 하나도, 말 그대로 하나도 못 알아들었다. 호주에서 온 다른 사람들은 이 정돈 아니었는데…. 어느 정도냐면 의문문인지 평서문인지가 구분이 안 될 정도였다. 게다가 말 끝마다 왜 자꾸 피식피식 웃는지 그 웃음 때문에 더 헷갈렸다. 도대체 무슨 의미인지. 나중에 캐나다랑 영국 애들한테 물어보니 자기네들도 잘 못 알아듣겠단다. 휴.

어느덧 해가 저물고 초베국립공원엔 밤이 찾아왔다. 캠핑장에 도착했을 땐 현지 스탭들의 수고로 이미 텐트는 다 완성되어 있었고 우리의 요리사인 프레디가 저녁을 준비하고 있었다. 텐트는 2인용으로 부부나 커플은 걱정할 것도 없겠지만 나같이 혼자 온 사람들은 누구랑 텐트를 같이 써야 하나 눈치를 살펴야 했다. 이미 그전부터 쭉 이 그룹에 있던 사람들은 다들 텐트메이트가 있었다. 텐트 개수는 여유로운 편이라 그냥 혼자 하나를 쓸까 했는데 이런 나의 마음을 알았는지 호주 할아버지 다니엘이 다가와 내게 자기와 함께 텐트를 나눠 쓰겠냐고 물었다. 혼자 쓰면 자기만의 공간은 생기겠지만 텐트를 설치할 때와 철수할 때 생고생(별것 아닌 것 같아도 이 큰 텐트를 혼자 설치하기엔 역부족이다. 게다가 하루이틀도 아니고 20일이니 더욱)을 하게 될 것 같아 바로 그러

이곳이 우리가 하룻밤을 보낼 캠핑싸이트. 국립공원 안에 있어 사실 코끼리가 짓밟고 갈 확률도 없진 않다.

자고 했다. 텐트에 짐을 풀고 새로 산 매트에 바람을 넣었다. 매트에 딸려온 플라스틱 공기주입기를 밟는데…. 와, 이거 생각보다 훨씬 오래 걸리네. 그렇게 한참을 땀이 날 정도로 끙끙거리고 나서야 빵빵한 매트 위에 누울 수 있었다. 매일 이 짓을 해야 한다니….

식사를 마치니 사방엔 어둠이 깔렸다. 타닥타닥 모닥불 소리 외엔 아무 소리도 들리지 않는다. 아프리카, 보츠와나, 초베. 불과 두 달 전 서울 시내에서 지하철을 타고 있던 내 모습이 너무나 까마득하다. 여긴 야생이다. 전기가 들어오지 않는 이곳을 비춰주는 것은 오직 달빛뿐이다. 문명의 이기에서 벗어나니 비로소 대화가 가능해진다. 오늘 하루를 사파리 차 안에서 같이 보낸 사람들은 어제보다는 조금 가까워졌는지 몇몇씩 모여 술과 함께 얘기를 나누기 시작한다. 나도 옆에 앉은 다니엘의 얘기를 들을 수 있었다. 그는 평생을 여행과 함께 살아온 사람이었다. 1978년에 네팔, 인도부터 시작해 이란과 동유럽을 거쳐 런던까지 오버랜드 투어를 했다는 이야기는 정말 놀라웠다. 그때도 이런 단체 트럭킹이 있었다니. 또 트래비스와 제이미의 한국 생활이야기도 들을 수 있었다. 조금 솔직한 얘기를 듣고 싶었는데 음식이 맛있다거나 교통이 편리하다는 뻔한 얘기만 계속한다.

"에이, 그런 거 말고. 안 좋았던 점은 없어?"

서로의 얼굴을 쳐다보던 그들은 곰곰이 생각하더니 얘기를 꺼냈다. 그것은 바로 캐나다와는 다른 한국의 조직문화. 자기들이 왜 조직의 보스와 직접 의사소통하고 불만을 얘기할 수 없는지 답답했다고 했다. 분명 그들은 그렇게 느꼈을 것이다. 한국에 평생을 산 나도 그러니까.

그렇게 공통점을 찾고 이야기를 시작하는 것. 트럭킹이 시작된 이후 매 순간 날 불편하게 했던 어색함이 조금씩 아주 조금씩 깨지고 있었다.

초베국립공원 2

낮엔 햇볕 아래에 오래 못 있을 정도로 덥지만 밤에는 언제 그랬냐는 듯 추워지는 보츠와나의 날씨다. 텐트 안의 썰렁한 공기에 저절로 눈이 떠졌다. 게다가 튜브 매트가 적응이 안 되는지 간밤에도 계속 뒤척여 아침이 밝았는데도 몸이 영 찌뿌듯하다. 기지개를 켜고 텐트 밖으로 나오니 일찍 일어난 사람들이 모여 호들갑을 떨고 있다.

"뭔데?"

"어제 밤에 사자 소리 못 들었어?"

"!!!"

사자가 텐트 주위에 왔었다고? 정말 이런 일이 벌어진단 말인가? 캠핑장에 울타리가 없어서 조금 의아했지만 대수롭게 생각하지는 않았는데…. 우리가 진짜 야생에 있긴 한가 보다. 나는 여러 번 깼으면서도 사자 소리는 못 들었으니 운이 좋다고 해야 하나 나쁘다고 해야 하나. 꽤 나 가까이서 들렸다던데.

아침을 먹고 오전 게임 드라이브를 시작했다. 아침인 데다 창문도 없는 사파리 차를 타고 달리니 바람이 매섭다. 옷깃을 여몄다.

동화에 나올법한 기괴하게 생긴 나뭇가지 틈 사이로 붉은 태양이 떠오른다. 여러 동물이 그와 동시에 하루를 시작한다. 기린 두 마리가 사이좋게 거닐고 버팔로도 무리 지어 어슬렁거린다.

툭툭탁탁. 둔탁한 소리에 고개를 돌렸다. 수컷 임팔라 두 마리가 뿔을 맞대며 싸우고 있다. 암컷이랑 똑같은 체구에 뿔만 달린 여리여리한 녀석들이 나름 수컷이라고 저렇게 싸우는 모습이 귀엽다.

초베에서의 1박 2일 게임 드라이브를 마치고 국립공원 밖 캠핑장으로 돌아오는 길이었다. 코끼리 사진이 있는 큰 광고판 옆에 커다란 코끼리 모형이 보인다. 음? 어제도 저런 게 있었던가? 그런데 갑자기 그 모형이 움직이기 시작했다!

그건 코끼리 모형이 아니라 진짜 코끼리였다. 국립공원 밖에 사는 코끼리 두 마리가 우리의 시선은 아랑곳하지 않고 느릿느릿 풀을 뜯고 있었다. 코끼리 간판 옆에 진짜 코끼리라니. 이게 진정 아프리카가 아니라 무어란 말인가. 한국엔 길고양이가 있듯이 아프리카엔 길코끼리가 있다.

오후에는 선셋크루즈가 예정되어 있다. 어제부터 이어진 게임 드라이브에 이어 배를 타고 하는 사파리다. 초베 강을 따라 배를 타고 들어가 배 위에서 동물들을 보며 일몰을 맞는 것이다. 그전까지는 시간이 꽤 남아 현금도 뽑고 장도 볼 겸 시내로 나왔다.

미니버스를 타고 마운(Maun) 시내에 내렸다. 그런데 바로 보이는 건 멧돼지. 오늘 무슨 날인가? 길코끼리에 이어 길멧돼지까지. 사람들은 지하 주차장에서 고양이를 본 듯 신경도 쓰지 않고 나만 사진 찍고 호들갑을 떨었다. 멧돼지는 땅을 계속 킁킁거리며 시야에서 사라졌다.

환전소 앞 나에게 관심을 보이는 꼬마 숨바꼭질을 하고 싶은지 계속 고개를 숨겼다 보여준다.

캠프로 돌아오니 프레디가 점심 준비를 막 마쳤다. 프레디는 오너리와 마찬가지로 트럭킹 회사 소속 요리사이다. 어제 저녁 초베에서 그가 만든 카레를 맛보고 앞으로 그를 전적으로 신뢰하기도 했다. 오늘 점심은 샌드위치. 빵이랑 채소, 과일, 햄 등 재료가 준비되어 있고 각자 알아서 만들어 먹으면 된다. 느긋하게 먹었는데도 선셋크루즈 출발시간까지 한참이나 남았다. 다들 수영장을 가거나 텐트에서 낮잠을 자는데 난 또 홀로 남겨졌다. 하아. 와이파이의 홍수에나 빠져야겠다. 터덜터덜 캠핑장 사무실 건물로 걸어갔다.

그렇게 실컷 혼자 놀다가 돌아왔는데 사람들이 다 나를 쳐다보며 어디 갔다 이제 오냐다. 알고 보니 3시에 여기서 출발하는 게 아니라 선착장에서 배가 3시에 출발한다는 거였다. 이런. 내가 공지도 제대로 못 알아 들었구나. 다들 뭐 괜찮다고, 많이 안 늦었다고 전혀 위로가

되지 않는 말을 건네는데 배를 탈 때까지 나는 계속 주눅이 들어 있었다.

복층으로 된 큰 배에서 각자 자리를 잡는다. 이제 초베를 강 위에서 관람할 시간이다. 아프리카에 많은 국립공원이 있지만 이렇게 크루즈를 타면서 동물들을 구경할 수 있는 곳은 많지 않을 것이다.

마사이마라에서 누를 보듯 초베에선 어디서나 눈에 띄는 게 코끼리다. 넓은 강으로 나오자마자 왼편에 보이는 언덕에서 코끼리가 무리를 지어 강가로 내려오는 게 보인다. 물을 마시던 녀석 중 하나가 강에 발을 담근다. 주위의 모든 배들이 녀석의 행동에 집중하기 시작했다. 몇 발작 더 들어오더니 그대로 풀썩 주저앉는다. 사람들은 기다렸다는 듯이 박수를 쳤고 녀석은 보답이라도 하듯 물 안에서 몸을 뒤틀며 재롱을 떤다.

2층으로 올라와 탁 트인 뷰를 감상했다. 저 멀리 강 건너 아득하게

보이는 코끼리 떼, 물속에서 고개만 쏙 내밀고 있는 하마, '한 놈만 걸려봐' 하고 입을 벌리고 있는 악어 그리고 얼마 전 그 녀석에게 당했을까, 둥둥 떠 있는 코끼리 시체. 이 모든 것이 모여 초베를 완성한다.

내가 여태껏 봤던 코끼리 중 가장 작은 코끼리가 어미를 따라 강을 건너기 시작했다. 성큼성큼 걷는 어미와 달리 새끼 코끼리는 발이 땅에 닿지 않는지 허우적거리다 이내 요령을 터득한 듯 코만 물 위로 쏙 빼서 숨통을 튼다. 코만 쏙 빼놓고 걷던 녀석이 반대편 육지로 발을 내딛는 순간, '경이롭다'라는 평소에 느끼지 않는 감정이 꾸물거리며 올라왔다.

그때였다. 2층에서 난간에 기대어 석양을 바라보고 있는데 옆에 있던 미국인이 나를 툭툭친다.

"네 모습이 그럴듯해서 허락 없이 사진을 찍었어."

멋지게 잘 나왔다. 혼자 여행을 하면 내 모습이 담긴 사진을 찍지 못하는 게 늘 아쉬웠는데 그걸 달래줄 호의가 이런 의외의 순간에 찾아온 것이다. 이메일 주소를 알려주면 사진을 보내주겠다길래 내 여행명함을 건넸다(그는 여태 보내지 않았고 나는 아직도 기다리고 있다).

강을 붉게 적시는 일몰과 함께 우리는 초베와 작별인사를 했다. 아까 강을 건넜던 코끼리 가족들도 이미 저만치 멀어졌다. 이따금 TV에서 코끼리가 나오면 그때 초베의 그 코끼리 가족이 생각난다.

오카방고 델타

오카방고 델타. 이름 한 번 어렵다. 오카방고는 강 이름이고 델타는 삼각주를 말한다. 쉽게 얘기하면 오카방고 강 하류의 삼각주. 그래서 거기서 뭘 한단 얘긴가. 바로 부시캠프(bush camp). 얼마나 공식적으로 사용되는지는 모르겠지만 초베에서 1박 2일 캠핑을 할 때처럼 전기와 수도가 공급되지 않는 곳에서 캠핑을 하는 것을 여기선 부시캠프라고 부른다. 어제 하루 종일 이동을 해서 도착한 오카방고 델타 초입부에 있는 캠핑장에서 하루를 보내고 오늘부터는 문명과 잠시 이별하여 오카방고 델타에서 2박 3일간 캠핑을 하게 된다.

우리를 선착장까지 데려다 줄 차는 뻥 뚫려 있는 오픈 트럭이었다. 이미 해가 떠서 그다지 춥지는 않았지만 달리는 차에 있으면 추워질 것 같아 잘 때 껴입고 있던 옷을 그대로 입고 탔다. 역시나 강풍 때문에 탄지 5분만에 한기가 느껴졌다. 하필 맨 앞쪽에 앉아서 운전석 바로 뒤로 넘어오는 바람을 직격탄으로 맞게 됐는데 얼마나 센지 눈을 뜰 수가 없을 정도였다. 바지 끝을 양말 속으로 집어넣고 손도 외투 안으로 쏙 넣었다. 깃은 최대한 세우고 팔짱을 낀채로 잔뜩 움츠려 한참을 달렸다. 등교하면서 손을 흔드는 꼬마들에게 인사도 못 해주고 고개만 푹 숙이고 두 시간 가까이 있었더니 그제야 선착장에 도착했다.

선착장은 생각보다 더 부산스러웠다. 우리를 태울 작은 나무배(모코로)가 준비되어 있었고, 그 배를 긴 막대기로 젓는 폴러(poler)들이 인사도 나누기 전에 우리의 짐을 번쩍들어 모코로에 나누어 담는다. 언제 추웠냐는 듯 사람들은 옷을 가볍게 갈아입고 두 명씩 짝을 지어 모코로에 오른다. 앞뒤로 한 명씩 같은 방향을 보고 타면 맨 뒤에 폴러가 올라 방향을 잡는다. 당연히 짝이 없는 나는 투어리더 오너리와 같은 배에 올랐다. 모코로는 미끄러지듯 출발했다. 그런데 출발하기 전부터 불안하던 모코로는 결국 사고를 치고 말았다. 배의 측면 부분 높이가 너무 낮아 몸을 살짝 움직였는데도 물이 확 들어와 버린 것이다. 결국 바지와 속옷까지 다 젖고 말았다. 다시 배를 돌려 옷을 갈아입으려는데 이런 망할. 바지만 가져오고 속옷을 안 챙겨 온 거다. 속옷이 필요 없는 트렁크 수영복이 있었기에 망정이지 하마터면

폴러(poler)와 모코로

노팬티에 축축한 바지를 다시 입을 뻔 했다.

바뀐 모코로는 좀 더 크고 안정돼 보였다. 흐르지 않는 물은 호수처럼 잔잔하고 주변은 고요하다. 배가 물을 가르는 쪼르륵 하는 소리와 수풀이 배 옆면에 쓸리는 소리 외에는 아무 소리도 들리지 않는다. 내 양 어깨 옆까지 발을 올린 오너리는 자세가 너무 편한지 금세 잠이 들었다. 나도 몸을 뉘어본다. 누운 자세로 있으니 배를 탔다기보다는 수면에 붙어 몸을 안 적시고 수영을 하는 기분이다. 배 앞부분에 널어놓은 젖은 바지와 속옷은 강렬한 태양 아래 잘 마르고 있다. 내가 탄 모코로가 일행 중에 가장 늦게 출발해서 앞에 가는 다른 사람들의 모습을 찍기에도 좋았다.

수풀을 헤치며 좁다란 길을 통과하니 호수 같이 넓은 길이 나온다. 그러다가 다시 좁은 길로 들어간다. 델타에 대해 다니엘이 해준 설명이 직접 이렇게 배를 타보니 더 잘 이해가 된다. 중·고등학교 때는 사회선생님이 침을 튀며 설명해 줘도 도통 뭔지 감도 안 오더니. 역시 체험이 최고의 배움임을 여기 보츠와나에 와서 새삼 깨닫는다.

조용한 항해를 하기를 1시간 반, 정글 속의 캠핑싸이트에 도착했다. 배에서 내려 30미터쯤 들어가니 숲 속에 만들어 놓은 작은 공터가 나온다. 이곳이 앞으로 48시간을 지낼 공간이다. 다니엘이 굳이 호주 할머니와 같은 텐트를 쓰겠대서 나는 어쩔 수 없이 토니의 텐트로 들어가게 됐다. 오카방고 델타에서 부시캠프를 하는 것은 초베국립공원에서 코끼리를 보는 것처럼 딱히 대단한 볼 거리가 있어서가 아니었다. 물론 현지 가이드와 함께 숲 속을 걷는 부시워킹(bush walking)도 있고 모코로를 타고 석양을 감상할 시간도 계획되어 있지만 가장 중요한 건 이 야생에서 문명과 단절된 채 2박 3일을 보낸다는 것 그 자체였다. 전기는 아예 없고 수도 대신에 각자 챙겨온 5L짜리 생수통으로 식수는 물론, 세면, 양치까지 해결해야 했다. 사실 난 처음부터 양치 빼고 다른 건 할 생각이 없었다. 머리도 지금 브레이드 스타일을 고수하고 있는 중이라 어차피 못 감을 테니 오히려 잘 됐다 싶다.

제일 쇼킹했던 건 바로 화장실. 이런 촌구석을 넘어선 정글에 갖춰진 화장실이 있을 리 만무했다. 우리가 텐트를 쳐놓은 공간에서 조금 더 숲 쪽으로 들어가면 작은 길이 나 있고 길 한 편에 삽이 꽂혀 있다. 삽이 꽂혀 있으면 비었음(vacancy), 삽이 없으면 사용 중(occupied)이라는 뜻이다. '비었음'을 확인하면 꽂혀 있는 삽을 뽑아서 더 깊숙이 들어가 땅이 파져 있는 곳에 자리를 잡는다. 두루마리 휴지는 그 옆에 나뭇가지에 예쁘게 걸려 있다. 삽을 꽂은 채로 바지를 내리고 볼일을 본다. 물론 삽이 내 옆에 있으니 입구까지 왔던 사람들은 삽이 없는 걸 보고 돌아갈 테고 나는 안심하고 용변에 집중할 수 있다. 마무리가 되면 주위를 살피고 아무 일도 없었던 양 삽으로 나의 흔적들을 덮으면 끝. 아주 간단하다. 좌변기에 익숙해진 현대인의 다리 근육은 새로운 변기시스템에 적응하기를 힘들어한다는 것과 습지에 사는 수많은 종류의 벌레들은 인간의 분뇨에 흥미를 갖고 둔부 주변으로 몰려드는 것만 주의하면 된다. 하지만 이것도 별일 아니다. 부들부들 다리를 떨며 한쪽 손으로는 휴지를 잡고 한쪽 손으로는 벌레를 쫓으면 되니까. 화장실이 이럴 걸 알았기에 미리 속을 비워왔지만 자연의 정기를 받아서일까, 내 장은 평소보다 더 활발히 움직여 결국엔 2박 3일 동안 저 화장실에서 두 번이나 거사를 치러야 했다.

"Lunch is Ready."

요리사 프레디의 외침에 텐트에서 낮잠을 자던 사람들이 하나둘 기어 나와 점심을 먹는다. 그리고는 다시 텐트로 들어가 잠을 이어간다. 여기에 오니까 어디론가 바쁘게 가야 할 일 없이 이렇게 시간을 낭비할 수 있어 좋다. 여행이라고 해서 매일매일이 여유롭진 않다. 그날그날 해야 할 일들이 생기고 앞으로의 여행계획을 세우다 보면 어쩔 땐 여행자로서의 본분을 잠시 잊고 마음이 바빠질 때가 있다. 하지만 이런 곳에 갇혀버리면 할 수 있는 것이 아무것도 없어 오히려 마음이 편해진다. 예비군 훈련에 온 직장인처럼, 지금 이곳 오카방고 델타가 그렇다.

오후 3시. 팀을 나눠 각 팀의 가이드의 인솔하에 부시워킹에 나섰다. 호주 커플인 셰인과 알렉스, 그들의 친구 메간, 강한 영국 악센트를 가진 샐리 그리고 독일에서 온 나딘과 한 팀이 됐다. 건조한 모래 위를 밟고 다 말라 비틀어진 덤불을 헤치며 걷기 시작했다. 출발 전 모기스프레이를 뿌려라, 긴 바지를 입어라 등 하도 겁을 주길래 무슨 늪지대를 헤쳐 벌레들을 뚫고 가는 길인 줄 알았는데 그건 아니었다. 그런데 한참을 가도 사자, 기린, 코끼리는 나타나지 않는다. 본 것이라곤 그들의 똥과 발자국뿐. 하지만 전혀 실망스럽거나 아쉽지 않다. 왜냐면 우리가 걷고 있는 이 길이 너무나 아프리카 같으니까. 저 나무 그늘 아래에 사자들이 낮잠을 자고 있어도, 저 물가에서 기린이 목을 축이고 있어도, 우리 바로 옆으로 코끼리가 지나가도 이상할 것 하나 없는 이런 곳이라면 땅과 풀, 그리고 하늘만으로도 아프리카를 느끼기엔 충분하다.

하늘이 붉게 물들기 시작했다. 캠핑장으로 돌아왔을 땐 새빨간 태양이 서둘러 모습을 감추려 하고 있었다. 카메라를 들고 후다닥 물가로 뛰어나갔다. 폴을 들고 있는 뱃사공들과 정박되어 있는 모코로, 그리고 태양을 담고 있는 오카방고 강.

그때 왼쪽에서 모코로 한 대가 내 시야로 미끄러져 들어왔다. 앞에 앉은 사공은 고개를 돌려 뒤에서 폴을 젓는 다른 사공과 대화를 한다. 배에는 나뭇가지들이 잔뜩 실려 있다. 장작이나 목재로 쓰려는 걸까. 이곳은 단지 야생동물들만의 서식지가 아니라 사람들의 터전이기도 한 것임을 깨닫는다. 그 모습을 지켜보는 사이 어느새 주위엔 사람들이 몰려와 말 없이 사진을 찍는다. 잠시 후 해는 언제나처럼 매정하게 지평선 너머로 쏙 넘어가 버렸다.

저녁을 먹고 모닥불 주위에 둘러앉는 시간. 아직도 일행들과는 많이 어색하다. 내가 처음에 트럭킹을 신청했을 때의 모습은 이런 게 아니었는데. 그렇다고 신나게 웃고 떠드는 애들한테 호기롭게 다가가서 옆에 턱 하니 앉을 깜냥이 되는 것도 아니다. 눈치를 보다가 슬쩍 자리에서 일어나 노트북을 가져와 일기를 쓰기 시작했다. 잠시 후 어제 선셋크루즈에서 잠깐 얘기를 나눴던 독일 여자애 둘이 옆으로 삭 붙는다. 엘리사와 키라. 난생처음 보는 한글이 신기한지 자기들의 이름을 한글로 써달라고 하더니 킥킥거리며 사진을 찍어간다. 갓 스무 살을 넘은 독일 소녀들이 외롭게 자판만 두드리던 내게 먼저 다가와 주니 얼마나 고맙던지.

오너리가 주의사항을 준다. 밤에 코끼리가 텐트 옆으로 와도 절대 놀라지 말 것, 특히 절대 불빛을 비추지 말 것. 코끼리가 캠핑싸이트 주변을 지나가는 경우에 지켜야 할 행동수칙이다. 초베에서도 저런 주의사항은 따로 없었는데…. 그렇다. 여기는 국립공원이 아니라 야생이다. 다행히도 코끼리가 텐트를 공격하는 경우는 거의 없단다.

하나둘씩 일어나 잠자리로 들어간다. 아직 시간은 8시 30분. 모닥불이 꺼지니 사방은 암실처럼 어둡다. 그 덕분에 별은 밝게 빛난다.

보츠와나에 와서 벌써 두 번째 부시캠핑이라 그런지 소변 보고 손 안 씻기, 대변 보고 물로만 손 헹구기, 손톱에 때가 낀 채로 뭐 집어먹기 등 비위생에 익숙해져 간다. 오늘 밤은 '양치 안 하고 잠들기'에 도전해 봐야겠다.

부시워킹 같은 야외활동은 대부분 아침이나 저녁에 있어 하루 중 제일 더울 때인 오후 1시부터 5시 사이에는 다들 그냥 늘어져 있는 분위기다. 그늘에서 책을 읽거나 의자 두 개를 붙여놓고 잠을 청하기도 한다. 다음날, 오전 부시워킹을 마치고도 비슷했다. 나 역시 텐트에 쏙 들어가 사진 정리도 하고 앞으로의 일정 체크도 하면서 게으른 오후시간을 보냈다. 해가 기울자 선셋크루즈 시간이 됐다며 오너리가 사람들을 깨운다. 크루즈라는 단어를 모코로에 갖다 붙이기엔 너무 거창하지만

▲ 부시워킹
▼ 여유로운 오후시간

여기선 배+일몰 패키지를 그냥 무조건 선셋크루즈라고 한다. 나는 트럭킹에 참여한지 얼마 되지 않아 뭐든 다 하고 보지만 이미 케냐부터 트러킹으로 쭈욱 내려온 사람들은 이제 선셋크루즈가 지겹나 보다. 몇몇은 그냥 캠핑장에서 쉬겠다며 남았다. 키라가 가지 않아 짝이 없어진 엘리사가 누구랑 타야 하나, 하고 고민하는 내게 '저 배 탈래?'라며 한 번 더 나를 살려준다.

배가 출발하기 전부터 거친 콧바람을 내쉬며 탐색전을 하던 하마 두 녀석은 우리가 출발한 지 얼마 되지 않아 본격적인 싸움을 시작했다. 수면 아래에서 힘겨루기를 하다가 어느 순간 튀어올라 커다란 입을 서로 부닥치며 공격을 한다. 우리는 이 장면을 작은 물결에도 흔들리는 나무배를 타고 불과 수십 미터 떨어진 곳에서 지켜보고 있는 상황이다. 그렇게 몇 분쯤 침을 꼴깍 삼켜가며 숨죽여 지켜보는데 어느 순간 녀석들이 우리 쪽으로 밀려왔다. 놀란 폴러들은 다급히 배를 세워 사람들을 내리게 했다. 어렸을 때 손범수 아저씨의 해설을 들으며 챙겨봤던 동물 프로그램이 생각났다. 언젠가 거기에 하마 두 마리가 입을 크게 벌리고 싸우는 장면이 나왔는데 TV에서만 보던 그 장면이 지금 내 앞에서 펼쳐지고 있는 것이다. 폴러 아저씨가 한 녀석이 다른 녀석의 영역에 침범해서 주인이 침입자를 쫓아내는 상황이라고 실시간 중계를 해주셨다. 카메라 줌을 최대한 당겨 녀석들을 관찰했다. 뷰파인더에 눈을 파묻고도 심장 뛰는 소리가 들리는 것 같았다. 그렇게 20분쯤 지났을까. 녀석들도 지쳤는지 싸움이 소강상태에 이른다. 한참을 기다린 우리는 밥이나 먹자며 캠핑장으로 돌아왔다. 옷을 갈아입고 밥줄을 섰는데 다시 소리가 들렸다.

푸아아아악.

이건 정말 가까이 있는 거다. 사람들은 너나 할 것 없이 강가로 달려나갔다. 그때 한 마리가 물에서 튀어나와 쿵쿵거리며 우리 캠핑장 뒤쪽으로 도망을 치기 시작했다. 아까 여유 있게 웃으며 싸움구경을 하던 현지인들도 바짝 긴장한 얼굴로 우리를 막아섰다. 다행히 두 번째 녀석은 물에서 나오지 않았고 상황은 그렇게 마무리가 됐다. 하지만 저녁식사를 하면서도 언제 하마가 여길 덮칠지 모른다는 생각에 긴장은 놓지 않았다. 이런 경험 또한 이곳이 아니면 어디서 하리요. 하루하루 벌어지는 이런 돌발상황이 이젠 너무 기대가 된다.

저녁식사 후 오카방고에서의 마지막 밤을 위한 축하공연이 펼쳐졌다. 나는 어느 나라를 가더라도 현지 전통공연에 딱히 흥미가 있는 타입은 아니라서 별 기대를 안하고 있었다. 알 수 없는 춤과 노래가 흘러간 후, 거의 끝날 때쯤이었다.

“Beautiful Arica, Beautiful Africa, I shall never forget, Beautiful Africa.”

모닥불 타는 소리만 들리는 조용한 분위기 속에서 한 명이 아프리칸 특유의 억양으로 선창을 시작했다. 곧이어 나머지 사람들이 화음을 넣는다. 멜로디도 간단하고 무엇보다 가사가 쉬워서 우리들도 곧이어 따라 불렀다. 저 가사에서 Africa는 Animal로, Botswana로, Tourist로, 마지막엔 Toilet으로 바뀌었다. 이 곡을 마지막으로 공연은 마무리되는 듯 했는데 아까 선창을 하던 남자가,

"여태껏 보츠와나의 음악을 들었으니 이제 다른 나라의 노래도 들어봅시다."

라며 분위기를 다시 띄운다. 난 이런거 딱 질색인데….

독일 노부부는 독일 전통민요 같은 걸 부르고, 제이미와 트레비스는 캐나다 국가를 불어와 영어로 동시에 불렀다. 호주 사람 6명은 우루루 나가서 쑥덕쑥덕하더니 이윽고 합창을 시작했다. 근데 난 혼자란 말이다. 한국 대표로 나와서 팝송을 부를 순 없으니…. 애국가? 군밤타령? 아리랑? 마음의 결정을 아직 내리지 못했는데 내 옆에 앉아 있던 샐리가 노래를 시작하자마자 끝내 갑자기 내 차례가 되었다. 나는 천천히 일어서 모닥불 옆에 섰다. 될대로 되라지. 떨리는 목소리로 첫 소절을 부르기 시작했다.

"나의 모든 사랑이 떠나가는 날이…."

처음으로 이 중에 한국인이 없어 다행이라는 생각을 한 순간이었다.

아프리카에서 이발하기

캠핑을 며칠 하면서 느낀 거지만 서양 사람들은 참 신기하다. 밤에 그렇게 추운데도 속옷만 입고 자거나 상의는 입더라도 꼭 바지는 벗고 잔다. 내 텐트메이트인 다니엘만 유별난 줄 알았는데 어제 오늘 같이

지낸 토니도 마찬가지다. "얼어 죽는 줄 알았네"라며 텐트에서 나오는 제이미도 짧은 반바지를 입고 있다. 내복까지 껴입고 자는 내겐 정말 이상하지 않을 수 없는 광경이다.

이제 이틀을 보낸 이곳과 작별할 시간이다. 두 번이나 삽질을 하게 한 화장실과도 안녕. 마찬가지로 돌아갈 때도 모코로를 이용한다. 올 때와 달리 이번엔 내가 뒤쪽에 타고 오너리가 앞쪽에 탔다. 차분한 물소리를 들으며 눈을 감았다. 문득 한국에 있는 친구들이 생각났다. 내가 이상한 머리를 하고 웬 흑인 아저씨와 이렇게 배에 타서 누워 있는 모습을 보면 웃을 거라는 생각에 나도 혼자 피식 웃었다.

이따금 맞은 편에서 오는 모코로와 마주쳐 수상 교통체증이 생기기도 한다. 물길이 워낙 좁아서 지나갈 때까지 기다려 줘야 하는데 그럴 때면 사람들은 서로 미소를 짓는다. 우리나라에서는 서로 보고 저렇게 활짝 웃어준다면 미친놈 취급을 당할지 모르나 여행지에서는 보고도 아무 표정을 짓지 않는 게 더 이상하다. 나도 어느새 여기에 익숙해졌는지 처음 본 사람과 인사를 주고받는다.

선착장에는 올 때 우리가 타고 왔던 오픈 트럭이 대기하고 있었다. 같이 간 사람들의 몰골을 보니 고작 이틀 전에 우리가 멀끔하게 이 자리에 서 있었다는 게 믿어지지 않았다. 2박 3일간 우리를 위해 배를 운전해 주고 음식을 준비해 준 현지 가이드들과 폴러들에게 작별인사를 하고 차에 올랐다.

다시 마운 캠핑장으로 돌아가는 길. 트럭킹에 합류하고 한 번도 감지 않은 내 머리는 이제 한계를 드러내기 시작했다. 그제만 해도 조금 가렵다 싶으면 긁으면 됐는데, 이틀 동안 부시캠핑을 하면서 가려움의 정도는 수직상승했고 이젠 더 이상 버틸 수 없을 정도가 되었다. 도착하자마자 이 머리를 전부 풀어버리리라 결심하고 두 시간을 버텼다. 그리고 도착한 마운 캠핑장. 동시에 들리는 오너리의 공지사항.

"곧 시내 나가는 차량이 있으니 혹시 시내에 나갈 일이 있는 사람은 2시까지 승차할 것."

시간이 없다. 얼른 머리를 풀고 샤워까지 마쳐야 한다. 점심을 먹는 둥 마는 둥 하고 화장실로 뛰어가 머리를 풀기 시작했다. 아야야. 지난번보다 훨씬 세게 묶여 있는 듯하다. 하나하나 풀어낼 때마다 두피가 얼마나 아프던지 화장실에서 혼자 신음소리를 내며 끙끙거리길 30분. 드디어 가짜머리를 다 떼어내 버렸다. 역시 머리는 지저분하게 자라 있다. 이제 내게 주어진 시간은 이제 7~8분. 일주일간의 감지 못한 머리와 이틀간 씻지 못한 몸뚱이를 샤워기 앞에 내놓았다. 쏴아아아. 먼지로 뒤덮인 머리카락을 타고 내려와 두피를 적시는 수돗물은 마치 성수(聖水) 같이 느껴진다. 마음 같아선 이렇게 가만히 서서 30분 동안 물줄기만 맞고 싶지만 내겐 그럴 시간이 없다. 샴푸를 머리에 쫙 뿌리고 손으로 바바바바박 긁어 1차적인 가려움을 없애고 몸은 그냥 대충 씻었다. 샤워는 이따 또 하면 되니까.

시내에 떨어진 나는 미용실부터 찾았다. 한국에서는 도저히 찾아보기 힘든 머리스타일을 하고 환하게 웃고 있는 흑인 헤어모델들의 포스터가 덕지덕지 붙어 있는 곳은 멀리서도 한눈에 금방 들어온다. 문을 여니 머리를 하고 있던 아주머니들이 약속이나 한 듯 동시에 고개를 내 쪽으로 휙 돌린다. 아이고, 부담스러워라. 직원조차 당황한 듯 보였다. 머리를 자르러 왔다고 하니 미용실을 가로질러 가장 깊숙한 곳에 따로 마련된 남자 이발소로 나를 안내한다. 이곳이 남자들을 위한 공간이군. 역시 예상대로 이발사도 남자였다. 하지만 그의 눈동자는 나의 등장과 동시에 흔들리고 있었다. 그의 불안한 눈빛을 보니 나 역시 긴장이 됐다.

'현지 남자들처럼 후욱 밀어버리면 어떡하지?'

이발을 준비하는 그의 어설픈 모습은 더욱 나를 불안하게 했다.

"조금만, 아주 조금만 잘라줘."

"조금만? 그럼 3? 아니면 4?"

저게 무슨 소리지. 더 불안하다.

"그…. 그게 뭔데?"

그가 보여준 건 바리깡에 끼우는 플라스틱 눈금의 수치. 일단 4로 옆머리를 자르고 윗머리는 가위로 잘라달라고 해야지.

"윗머리는 그거 말고 가위로 잘라줘."

내 말에 일단 가위를 든 그는 어찌할 줄 몰라 하다가 결국 실토를 한다.

"사실 나 가위로 자를 줄 몰라."

아…. 그렇구나. 여기 남자들은 머리 자를 때 바리깡만 쓰겠구나. 내가 너무 무리한 요구를 한 것이다. 그렇다고 옆머리만 자르고 나갈순 없는 노릇. 그냥 바리깡으로 살짝살짝 잘라달라고 했다. 그는 바짝 긴장한 채로 조심스럽게 바리깡을 내 머리에 대기 시작했다. 비록 숱은 제대로 못 쳐 자세히 보면 옆머리가 좀 뜨는데다 좌우 비대칭이지만 대충 보면 크게 이상하지 않다. 나의 오케이 사인에 그는 안도의 한숨을 내쉬었다. 아프리카에서 머리 자르기 성공!

캠핑장에 돌아와서도 할 일이 있었다. 그것은 손빨래. 트럭킹에서 빨래란 일종의 숙제 같은 거다. 한번 해놓으면 후련하지만 그 다음 숙제 기한이 다가오듯 빨랫감 역시 눈 깜빡할새 쌓여 있다. 다 찢어진 비닐 봉지에 대충 말아 가방 옆 그물 주머니에 처박아 놨던 빨랫비누는 어느새 닳고 닳아 반쪽이 됐다. 빨랫가방을 들고 수돗가로 터덜터덜 걸어갔다. 오카방고에서 이틀간 묵혀 있던 빨래를 하느라 그곳은 이미 만원이다. 차례를 기다려 아까 한 샤워가 말짱 도로묵이 될 정도로 땀을 흘리며 마지막 양말 한 짝까지 빨래를 끝냈다. 텐트에 붙어 있는 줄을 풀어 나무에 연결해 빨래를 널고 있는데 옆에서 얘기를 하던 메간과 키라 그리고 알렉스가 나를 보고 키득거린다.

"너 아마 오늘 텐트에서 잘 때 다니엘과 너 사이에 배낭을 쌓아놓고 자는 게 좋을 거야."

"바지도 두 개 입고 자라구. 킥킥."

무슨 소린고 하니 어제 밤, 다니엘과 벨로리가 있던 그 텐트에서 로맨스가 싹튼 것이다. 그에 수반된 소리가 텐트 밖으로 새어 나와 다른 몇 사람의 귀를 자극했고 소문은 금세 퍼져 대부분이 알고 있는 듯했다. 하…. 그래서 굳이 나보고 텐트를 바꿔달라고 하신 거였군. 친구들의 농담은 조금씩 더 짓궂어졌다. 덩달아 킥킥거리면서도 한편으로는 마음만은 청춘인 70대 남녀의 로맨스가 젊은이들의 험담으로 인해 '캠핑장에서 벌어진 추태'로 전락해 버린다는 사실이 조금은 씁쓸했다. 다만, 그의 취향이 젊은 남자는 아니길 바라며 보츠와나에서의 마지막 밤을 보냈다.

나미비아

AFRICA

나미비아

에토샤 국립공원

나미비아는 아프리카 여행 중 내가 가장 기대를 한 곳이었다. 그것은 여행준비를 하면서 우연히 본 한 장의 사진 때문이다. 사진작가가 멋지게 찍은 사진도 아니었는데 떠오르는 태양을 바라보며 붉게 물든 사막 언덕에 앉아 있는 사진 속 젊은이들이 내겐 다른 세상 속의 사람들처럼 보였다. 너무나도 자유로워 보이는 그들을 보며 나는 그때 직감했다. 그곳이 내 아프리카 여행의 하이라이트가 될 것이라고. 그 나미브 사막이 있는 그곳에, 그 나라에 내가 지금 막 발을 디딘 것이다.

하루를 더 달리고 나서야 에토샤 국립공원에 도착했다. 도착하자마자 바로 게임 드라이브가 시작됐다. 초베에서는 사파리 차가 따로 있었는데 이곳 에토샤는 우리가 타고 온 트럭을 타고 한다. 벌써 세 번째 게임 드라이브라 이젠 딱히 설렘 같은 건 없었지만 내가 기대하는 것이 하나 있었으니 그것은 코뿔소다. 마사이마라와 초베를 지나면서 웬만한 동물은 다 봤는데 코뿔소는 아직 한 마리도 못 봤다. 네가 아무리 보기 힘든 녀석이지만 양심상 한번쯤은 모습을 드러내 줘야 되지 않겠니.

건기를 맞은 에토샤가 주는 느낌은 삭막했다. 푸른 나무보다는 마른 가지와 황무지로 이루어진 광야 같았다. 고개만 돌리면 영양이나 코끼리가 사방에서 뛰놀던 마사이마라나 초베와는 다르다. 이따금 나타나는 웅덩이(waterhole)에서나 물을 마시러 온 동물들을 볼 수 있었다. 얼룩말과 목 아래에 털이 치렁치렁 나 있어 할아버지처럼 보이는 일랜드 영양이 한두 마리씩 다가와 물을 마신다. 아까부터 옆에 서 있는 기린

은 왜 이렇게 뜸을 들이는지 숨죽여 지켜보는 우리를 한참을 애태운다. 녀석은 물웅덩이에 비친 자기 모습을 한참을 지켜보다 조금씩 다리를 구부리기 시작했다. 조금 구부렸다가 다리를 좀 더 벌리고 다시 조금 더 구부리고 그러기를 반복하다 마침내 어렵게 입을 물가에 댔다. 이 모습을 처음부터 지켜보던 우리는 기린이 물을 마시는 순간 환호를 질렀다. 아…. 모가지가 사슴보다 길어 더 슬픈 짐승이여.

오늘의 게임 드라이브는 그렇게 짧게 끝이 났다. 내일이 코뿔소를 볼 수 있는 마지막 기회다. 내일이 아니면 이제 코뿔소는 서울대공원 동물원에나 가야 볼 수 있을 것이다. 마사이마라에서 누떼가 강을 건너는 모습만 본다면 빅5 따위가 무슨 상관이랴 했지만 빅4를 보고나니 마지막 남은 하나에 욕심이 생긴다. 내 속내를 어떻게 알았는지 오너리가 오늘밤에도 코뿔소를 볼 수 있다고 귀띔을 해준다. 캠핑장 뒤쪽에 워터홀이 있는데 가끔 코뿔소도 풀을 뜯거나 물을 마시러 나타나니 기대를 해봐도 좋다는 거다. 캠핑장에 도착하자마자 워터홀로 달려갔다. 이미 많은 사람들이 모여 팔짱을 끼고 입을 닫은 채 웅덩이를 응시하고 있었다. 나도 나무 울타리 앞에 자리를 잡았다. 그런데 한참을 있어도 개미새끼 한 마리 나타나지 않는 거였다.

'이렇게 사람들이 많이 있는데 동물들이 나타날리가 없지. 사람 냄새만 맡고도 도망가겠다.'

투덜거리며 샤워를 하러 갔다. 머리를 털고 나오는데 트래비스가 차례를 기다리고 있었다.

"네가 자리를 떠나자마자 2분 만에 코뿔소가 나타났어."

"뭐? 지금은? 지금도 있어?"

"잠깐 있다가 금방 가버렸어."

허겁지겁 뛰어간 워터홀에서는 코뿔소 대신 코끼리 두 마리가 식사 중이었다. 붉은 조명 아래 수많은 사람들의 구경 속에서 조용히 풀을 뜯는 코끼리.

부스럭.

이 넓은 곳에 그리고 이 많은 사람들 사이에서 들리는 소리의 전부다. 사람들은 숨을 죽인다. 사진을 찍지 않아도 좋다. 이쪽으로 조금 더 가까이 오지 않아도 좋다. 물을 마시고 밥을 먹는 동물의 본능적인 행위만 보아도 감격스럽다. 턱, 턱, 떨어지는 배설물과 수풀을 쓰러뜨릴 듯한 강력한 방귀도 자연스럽게 이 순간의 일부가 된다.

캠핑장의 아침은 언제나 분주하다. 미리 정해진 아침식사 시간에 맞춰 각자 기상한다. 우선 침낭과 매트를 정리한다. 옷을 갈아입고 가방을 텐트 밖으로 내놓은 후 텐트를 접는다. 추운 아침 맨 손으로 쇠고리를 텐트 폴대에서 빼고 흙이 잔뜩 묻은 텐트를 접어 둘둘 말다 보면 손이 아프기도 하지만 열흘 정도 되니 확실히 처음보다 후딱 해치우게 되는 것 같다. 그러는 사이 아침식사는 준비가 되어 있다. 물을 끓이는 불 옆에서 커피를 홀짝이다 보면 몸이 좀 녹는다. 아침식사는 보통 간단한 샌드위치나 시리얼 혹은 달걀요리다. 아침을 잘 안 먹는 체질이라 대충 몇 가지 집어 먹고 설거지를 한다. 트럭킹은 패키지 관광이 아니기 때문에 자기가 먹은 그릇은 자기가 씻고 말리는 일까지 해야 한다. 여기는 아프리카이므로 수도 사정이 좋지 않아 흐르는 물이 아닌 두 대야에 담긴 물에 씻는다. 당연히 물은 점점 더 더러워지고 마지막에 설거지를 하는 사람은 거의 구정물에 설거지를 해야 한다. 처음엔 잿물에 설거지를 하는 모습을 보고 경악했지만 언젠가부터 구정물에 담겼다 나온 그릇 위에 음식을 놓고 싹싹 긁어먹는 내 자신을 발견하게 된다. 물기가 묻은 채로 접시를 쌓게 되면 위생상 좋지 않기 때문에 손에 들고 앞뒤로 계속 흔들어 물기를 최대한 말린다(여기선 flapping이라고 부른다). 마무리가 되면 양치만 대충 하고 트럭에 탄다. 추운 아침 야외에서 머리를 감거나 세수를 하는 것은 상상도 할 수 없다.

좀 더 설명하자면, 트럭킹 멤버들은 설거지만 하는 것이 아니다. 스무 명 가까이 되는 인원이 매일 캠핑과 식사를 하기 위해 모두가 음식 준비조, 트럭 청소조, 운반조 세 조로 나뉘어 할당된 임무(duty)를 해야 한다. 음식 준비조는 요리사인 프레디의 보조역할을 한다. 식탁보를 깔고 치즈 덩어리를 갈고 오이를 썬다. 트럭 청소조는 캠핑장에 도착해서 사람들이 다 내리면 창문을 열어 환기시키고 먼지로 뒤덮인 트럭을 빗자루로 청소하는 일을 한다. 운반조는 트럭에서 텐트와 식탁, 의자를 내린다. 은근 귀찮을 때도 있지만 같은 조에 있는 친구들과 친해질 수 있는 기회가 되기도 한다.

아침을 먹고 6시 반부터 바로 게임 드라이브를 시작했다. 처음에 보인 수사자 이후 그 흔한 가젤 한 마리 나타나지 않아 다들 등받이에 기대어 멍하니 앞사람 뒤통수만 쳐다보고 있었다. 덜컹덜컹. 나도 비포장 도로를 달리는 바퀴소리를 들으며 눈을 감았다. 금세 졸음이 오는 게 코뿔소고 뭐고

그냥 잠이나 자고 싶어졌다. 그때였다.

"Rhino!"

누군가의 외침이었다. 조용하던 트럭 안이 술렁거렸다. 독일 친구가 코뿔소를 봤다고 했다. 진짜라고 했다. 흥분한 몇몇이 오너리를 불렀다. 오너리가 창밖으로 고개를 내밀어 칼리토스를 불렀고 칼리토스는 차를 세워 천천히 후진을 시켰다. 이윽고 우리 왼편에 등장한 녀석. 코뿔소다. 불과 십여 미터 떨어진 곳에서 풀을 뜯고 있었다. 사자를 봐도 하품만 하던 사람들이 전부 카메라를 꺼내 차량 왼쪽으로 몰려들었다. 우리 전부에게 코뿔소는 처음이다. 귓가엔 온통 셔터 소리만이 들린다. 풀을 뜯던 코뿔소가 조금만 움직여도 찰칵 찰칵 찰칵. 또 움직이면 기다렸다는 듯이 찰칵 찰칵 찰칵. 녀석은 스포트라이트가 부담스러운 듯 슬그머니 자리를 피했다. 뒤뚱뒤뚱 수풀 속으로 사라질 때까지 우리 모두는 창가에서 떠나지 못했다.

마지막 게임 드라이브에서 눈썰미가 좋은 한 친구로 인해 기적처럼 만난 마지막 빅5. 에토샤 사파리는 그렇게 깔끔하게 끝이 났다. 설렘도 없었고 특별히 놀랄 것도 없었던 에토샤 국립공원. 하지만 마사이마라, 초베와는 또 다른 분위기, 그리고 기막힌 타이밍에 등장한 코뿔소 덕에 아마 잊혀지지는 않을 것 같다.

이건 아니잖아요

그날 저녁 캠핑장에서 황당한 일이 있었다. 이전의 캠핑장과는 달리 이곳은 화장실과 샤워실이 한 공간에 같이 있다. 문을 열고 들어가면 변기가 있고 칸막이 안쪽에 샤워기가 있는 그런 구조였다. 전부 사용 중이라 할 수 없이 문고리가 고장 난 곳에 들어갔다.

'물 소리가 나면 알아서 안 들어오겠지' 하고 샤워를 하고 있는데 누군가 들어왔다. 뭐야? 샤워하는 소리가 안 들리나? 칸막이 때문에 서로의 모습은 볼 수가 없다. 도대체 이 상황은 뭐지. 그래, 급해서 그러겠지. 소변만 보고 나가겠지. 허나 나의 가느다란 믿음을 비웃는 소리가 곧이어 내 귀를 때린다.

푸닥닥탁뿌앙.

이런 망할. 도대체 누구야, 샤워하는 사람 옆에서 똥을 싸는 게. 아무리 여기가 대자연의 품 안이라지만 너무 한 거 아냐?

"거기 누구예요? 여기 사람 있어욧!!"

"오, Moon! 나 다니엘이야. 너였구나. 얼른 볼일 보고 나갈게."

나의 텐트메이트였던 다니엘. 젊은 커플도 많은 이곳에서 노익장을 과시했던 염문의 주인공인 그였다. 그가 지금 나의 반경 2m 이내에서 응가를 하고 계신 것이다. 아니, 내가 남자기에 망정이지 여자였으면 어쩌려고 그렇게 불쑥 들어오셔서 변기에 앉으셨나. 그는 별일 아니라는 듯 물을 내리고 자리를 떴고 비로소 솔솔 퍼지는 향기는 오롯이 내 몫이 되었다.

아무래도 이상해서 바에서 맥주를 마시는 친구들에게 이 얘기를 해봤다. 역시나 다들 쓰러진다.

"내가 최근에 들은 얘기 중 제일 웃겨!"

트래비스가 숨이 넘어가도록 웃는다. 이 상황이 정상적인 상황은 아닐 거야, 그렇지? 내가 과민한 것도 아니고? 호주 사람은 원래 샤워하는 사람 옆에서 똥을 눈다, 뭐 이런 문화가 있는 것도 아니지? 그래, 다행이다.

이런 얘깃거리가 하나씩 생길 때마다 멤버들과 가까워진다. 어느새 나도 스스럼없이 다가가게 됐고 먼저 다가와 내게 말을 걸거나 장난을 치는 친구들도 많아졌다. 트럭킹에 처음 합류했을 때 빨리 끝내고 혼자 여행하고 싶어했던 게 무색하리만큼 지금은 헤어짐에 아쉬워할 준비를 하고 있다. 처음에 그렇게 조급해 할 필요가 없었다. 모든 건 시간의 문제였다.

애완 치타

'Cheetah Farm'이라는 곳이 있다. 말 그대로 치타 농장인데, 이곳에 있는 치타들은 태어나는 순간부터 인간의 품에서 자라 야생성이 없다. 그래서 이곳에선 여행객들이 치타를 직접 만져볼 수도 있고 함께 사진도 찍을 수 있다. 아프리카에 있는 흔한 관광코스다.

작은 농장에 차가 멈췄다. 백인 아저씨 둘이 우리 일행을 맞는다. 그리고 그 옆에 강아지처럼 졸졸 따라오는 녀석. 저건 치타다. 어렸을 때 내가 제일 좋아하던 동물. 포유류 중 가장 빠르다는 치타. 그 치타가 지금 내 앞에서 산책 나온 개마냥 주인을 따라 걷고 있는 것이다. 상상은 했지만 막상 눈앞에 치타가 있으니 이게 뭔가 싶다.

주인아저씨가 걸으며 주의사항을 알려주신다. 절대 선글라스를 쓰지 말 것. 아무리 애완용으로 자란 녀석이라도 맹수의 본성을 가지고 있어 선글라스에 비친 자기 모습을 볼 경우 갑자기 공격을 할 수 있기 때문이다. 다들 슬그머니 선글라스를 벗는다.

우리가 안내받은 곳은 집 뒤에 마련된 잔디 마당이었다. 다 자란 네 마리의 치타가 놀고 있었다. 한 녀석은 자기 덩치의 1/10도 안 되는 강아지와 티격태격하고 있고 다른 두 마리는 주인 다리를 핥으며 애교를 부리고 있다. 또 다른 한 녀석은 일행 중 한 명의 모자를 뺏어 장난을 친다. 니네 치타 맞냐?

다가가서 만져도 보고 같이 옆에 누워도 봤다. 잠깐 서서 카메라를 보는 사이에 치타 한 마리가 내 가랑이 사이로 쑤욱 지나가서 깜짝 놀라기도 했다. 하지만 이 귀여운 녀석들이 식사를 할 때는 또 전혀 달라 보였다. 주인이 양동이에 고깃덩이를 가져오자 치타들이 흥분하기 시작했다. 주인은 식사할 때는 절대 방해를 해선 안 된다며 사람들에게 조금씩 물러날 것을 요청했다. 고기를 한 덩이씩 문 녀석들은 각자 자리를 잡고 식사를 시작했다.

본성을 잃은 생명체는 불완전하다. 그래서일까. 야생성을 잃은 맹수의 모습은 어딘가 모르게 서글퍼 보였다. 세계에서 가장 빠른 포유류라고 불리는 이 맹수가 주인이 던져주는 고기를 물어뜯고 있는 모습에서 나는 인간의 이기심을 보았다. 그리고 나 또한 돈을 내고 이곳에 와 그 이기심에 동참하고 있었다. 그 사실을 깨달으니 내가 서글픈 이유를 알 것 같았다.

스피츠코페

나미비아 최고의 휴양도시 스바콥문트로 가기 전 마지막 부시캠프를 하러 간다. 목적지는 스피츠코페(Spitzkoppe). 창밖으로 보이던 푸른 나무와 풀은 어느덧 사라지고 그 자리에 나타난 돌산과 마른 가지로 뒤덮인 황무지는 우리가 사막 지역에 들어왔음을 말해준다.

중간에 차를 세워 소변을 보는 것을 피스탑(pee stop)이라고 한다. 피스탑을 하면 남자들은 도로 밖 수풀 속에 각자 자리를 잡고 여자들은 트럭 뒤나 아니면 반대편 수풀에 가서 볼일을 본다. 다행히 지나가는 차들은 거의 없다. 여자들이 트럭 뒤에서 볼일을 보는 경우는 오케이 사인이 떨어져야 남자들이 트럭에 오를 수 있다. 이미 익숙해졌지만 문득 단체 노상방뇨의 현장을 지켜보고 있으니 좀 웃기다. 다 큰 어른들이 같은 자세로 서 있는 뒷모습은 이렇게 보니 귀엽기까지하다.

도착한 스피츠코페 캠핑장은 지금까지 지나온 곳 중 가장 멋진 풍경을 자랑하는 곳이었다. 입구부터 그곳이 주는 풍광에 압도되어 차가 설 때까지 입을 다물지 못했다. 커다란 바위산 바로 옆에 자리를 잡고 텐트를 쳤다. 이곳에서 내 아프리카 여행의 마지막 부시캠핑을 한다. 전기도 수도도 없는 곳에서 하루를 지내는 게 좋을리가 없지만 그래도 이번엔 1박인데다 마지막이라고 하니 괜히 아쉬워라도 해보고 싶다.

바로 옆 바위산에 몇 발짝 올랐을 뿐인데 스피츠코페의 조망이 한눈에 들어온다. 반대편에는 더 높고 큰 산이 있고 그곳과 좀 더 떨어진 곳에는 호주의 울루루(Uluru)를 연상시키는 바위산이 볼록 솟아 있다. 캠핑장엔 사람이 거의 없어 바위가 사방을 둘러싼 이 놀라운 곳이 우리만의 차지가 된 것 같다. '해가 닿는 곳 전부가 우리의 땅이란다'라고 했던 무파사가 떠올랐다.

해가 지기 전 몇 명과 함께 반대편 바위산에 올랐다. 가파르지는 않았지만 바위산이라 자칫하면 미끄러질 수 있어 직립보행을 내려놓고 네 발 짐승이 되어 걷기를 이십여 분, 정상까지는 아니더라도 어느 정도 경치가 내려다 보이는 위치에 올랐다. 비스듬히 내리쬐는 햇빛은 커다란 바위 벽에 우리의 그림자를 그려놓았다.

점점 기온이 내려가고 바람이 불기 시작했다. 하나둘씩 춥다고 자리를 뜰 무렵 한참 떨어져 있던 구름이 어느 새 바위산 꼭대기를 스쳐간

다. 머리를 쓰다듬는 손 모양의 구름에 웃음이 났다. 어떻게 저기가 머리인 줄 알고 손은 찾아왔을까.

스바콥문트

지난 밤은 트럭킹을 시작한 이후로 가장 혹독히 추웠다. 불청객처럼 찾아온 요의 때문에 한밤중 눈이 떠졌지만 도저히 침낭을 벗어나 텐트 밖으로 나갈 자신이 없어 억지로 잠을 청했다. 중간중간 바지에 오줌을 싸는 꿈도 꿔가면서.

원래 어젯밤은 바로 옆에 있는 바위 언덕에 올라가 야외취침을 하기로 되어 있었는데 생각보다 날씨가 춥고 흐려서 별도 보이지 않을 것 같아 다들 포기하고 텐트에서 잤다. 이른 아침, 혹시나 누가 있을까해서 올라간 언덕에는 마이크와 샤이나가 있었다. 밤새 춥지 않았느냐고 놀란 표정으로 묻는 내게 웃통을 벗고 있던 마이크는 오히려 바위가

낮에 햇빛으로부터 받은 열을 가두고 있어서 밤에는 따뜻했다고 했다. 뭐 믿거나 말거나.

오늘은 스바콥문트(Swakopmund)로 가는 날이다. 도시에서 누릴 수 있는 그 어떤 것보다 푹신한 침대에서 잘 수 있다는 사실에 이날만을 오매불망 기다려 왔다. 날씨가 점점 추워져 아침마다 맨손으로 텐트를 철수하는 일이 점점 힘겨워지던 요즘이었다. 마침 쉬어가는 일정이 있어 얼마나 다행인지. 잠시 이별할 텐트를 둘둘 말아 트럭에 던져 넣고는 창가에 자리를 잡고 앉았다.

트럭에서 잠을 자는 것 외에 가장 시간을 많이 보내는 일이 바로 어제 찍은 사진을 확인하는 일이다. 당시에 제대로 확인을 못하고 보통 다음날 확인하곤 했는데 그때마다 한숨이 나오는 걸 막을 수 없었다.

혼자 여행하면 대부분이 다 좋다. 내 맘대로 스케줄을 변경해도 되고 새로운 친구도 쉽게 사귈 수 있으니까. 그런데 사진을 찍어야 할 때만큼은 아니다. 아마 트러킹을 하면서 내가 가장 많이 한 말이 '사진 좀 찍어줄래'가 아닐까 할 정도로 옆에 있던 사람에게 부탁해야 할 경우가 많다. 그나마 트러킹을 시작하고는 좀 나아졌지만 아예 혼자일 경우엔 모르는 사람을 붙잡고 부탁해야 했다. 사람이 섭외가 되면 다음은 사진의 구도문제로 접어든다. 내가 생각해 놓은 구도와 그 안에 들어갈 나의 위치가 내 머릿속에 있는데 이걸 센스 있게 알아채고 찍어주는 사람은 당연히 없다. 설령 내가 구구절절 설명을 한다 해도 전혀 딴판으로 찍어놓으니 미치고 환장할 때가 한두 번이 아니다. 언제 다시 올지 모르는 이 먼 곳에 와서 괜찮은 사진 한 장 건지기가 이렇게 힘들어서야 원. 제대로 하나 찍히려면 진짜 잘 찍어주는 사람을 만날 때까지 기다릴 수 있는 인내심과 한 번 찍어준 사람에게 '이번엔 요렇게 찍어줄래'라고 할 수 있는 뻔뻔함이 필요하다. 안타깝게도 나는 자격미달이라 지금까지 건진 사진은 많지 않다. 대부분의 사람들이 찍고 나서 보여주며 맘에 드냐고 물어보곤 하는데 나의 기대를 무참히 짓밟는 구도의 사진을 보고도 '좋아' 혹은 '완벽해'라며 미소를 지어주고는 뒤돌아 한숨을 쉬는 내 모습에 점점 지쳐간다. 특히나 이만한 DSLR를 주렁주렁 메고 다니는 아저씨들로부터 실망스런 결과물을 받아볼 때는 더욱. 아무튼 뭐 그렇다는 거다.

한참을 자다가 눈을 떴을 때 가장 먼저 보이는 것은 녹색 신호등이었다. 지난 2주간 흙길만 달려온 우리에게 그것은 처음 나타난 도시의 상징이자 문명생활로의 회귀에 대한 환영인사였다. 잠시 후 모습을 드러낸 스바콥문트는 유럽의 한 시골마을처럼 아담하고 깨끗했다. 도로변에 야자수가 있고 건물은 유럽풍이며 사막에서 날아온 모래가 흩날리는 아프리카의 도시, 스바콥문트에서의 3일이 그렇게 시작되었다.

그날 저녁, 오늘을 마지막으로 그룹을 떠나는 4명을 위한 환송회가 있었다. 오너리가 한 이탈리안 레스토랑을 예약했고 사람들은 각자 스바콥문트를 즐기다가 시간에 맞춰 한 자리에 모였다. 한 테이블을 붙여 스무 명 가까이 되는 인원들이 길게 앉았다. 음식이 나오기 전, 사람들을 쭉 둘러보며 평소와 다른 무언가를 발견했다. 옷차림이었다. 나는 아무 생각 없이 평소 입던 걸 입고 갔는데 샐리와 제이미, 메건 등 여자애들은 어디서 났는지 예쁜 원피스를 입고 있었고 자세히 보니 옅게 화장까지 했다. 반바지에 등산화를 신고 씩씩하게 텐트를 설치하던 모습과는 사뭇 달랐다. 50리터 배낭을 기합소리 한 번 없이 가볍게 둘러메 나를 당황케 했던 그녀들이 아니었던가.

"도대체 그 옷들은 어디서 난 거야? 여기 와서 샀니?"

"아니, 이럴 때 입으려고 곱게 접어서 배낭 맨 아래 넣고 다녔지."

아프리카를 여행하면서도 파티복을 챙겨 다니는 정성에 경외심이 생길 정도였다. 나도 셔츠까진 아니더라도 남방 같은 거라도 좀 챙겨올걸. 매일 입던 자주색 바람막이가 오늘 따라 부끄럽다.

식사를 마치고는 또 처음 보는 광경이 펼쳐졌다. 그 많은 인원이 식사에 음료, 주류까지 시켰으니 웨이터가 가져온 계산서는 길이가 한 오십센티미터쯤 됐다. 자, 한국 같으면 어떻게 했겠는가. 총액 나누기 인원수. 간단하게 끝날 일이었다. 하지만 유럽과 오세아니아, 북아메리카의 사람들의 방식은 좀 달랐다. 맨 끝에 앉은 사람이 자기 메뉴에 줄을 긋고 해당 액수에다가 팁을 합친 금액을 올려놓는다. 그리고는 옆 사람이 바통을 이어받는다. 그렇게 한 바퀴를 돌고도 액수가 맞지 않아 계산서를 다시 돌려보는 등 계산하는 데만 20분이 넘게 걸렸다. 답답했다. 뭐 얼마나 차이가 난다고 저걸 일일이 돌려보는지. 하지만 너무나 당연하게 그 과정을 해나가는 모습에서 내 기준과는 또 다른 합리성이 보였다. 누가 조금 더 혹은 덜 내더라도 빨리 해치우고 시간을 절약하는 것도 합리적이지만 시간이 좀 더 걸리더라도 각자 먹은 만큼만 지불하는 것 역시 합리적이다. 작은 것으로부터 조금씩 세상을 넓게 보는 시야를 배우는 것. 여행을 시작할 때 나 스스로에게 냈던 숙제를 스바콥문트의 한 식당에서 조금은 한 것 같았다.

사막에서 드라이빙

아무래도 어제 맥주를 너무 많이 마신 것 같다. 머리도 살살 아프고 속도 울렁거린다. 무거운 몸을 질질 끌고 아침식사를 하러 식당에 내려왔다. 문을 열자마자 퍼지는 빵과 버터 냄새. 갑자기 헛구역질이 났다. 이상했다. 원래 밥 대신 빵으로, 국 대신 시리얼로 아침을 때우는 나였다. 그런데 냄새만 맡고 구역질을 하다니? 갑자기 라면 국물이 미친 듯이 먹고 싶었다.

오전엔 아무것도 먹지도 않고(못하고) 밖에 나가지도 않고(못하고) 씻지도 않은(싫은) 채로 바에 앉아 인터넷만 했다. 이후 여행계획도 좀 짜고 한국에 연락도 하면서. 이전부터 틈틈이 노트북을 빌려달라고 했던 키라는 오늘따라 돌려줄 생각을 안 한다. 딱 봐도 별로 급한 일 같지도 않은데…. 정작 주인인 내가 '나 잠깐 써도 돼?' 하고 물을 정도니 말 다했다.

숙취가 가실 즈음 어제 예약했던 쿼드바이크 픽업차량이 왔다. 쿼드바이크는 한국에서 ATV라 불리는 4륜 오토바이다. 그걸 사막에서 타는 거다. 사무실은 숙소에서 5분 거리에 있었다. 머리에 모래가 묻지 않도록 샤워캡 같은 걸 뒤집어 쓰고 헬멧을 착용했다. 바이크를 배정받고 운전요령 및 간단한 안전교육을 받았다.

차고에서 나오니 바로 눈앞에 사막이 펼쳐져 있다. 태어나서 처음 본

사막이었다. 하늘은 믿을 수 없을 정도로 파랬다. 갑자기 웃음이 났다. 바이크 소리에 묻혀 아무도 듣지 못했겠지만 나는 소리 내어 웃고 있었다. 웃기지도 않은데 그냥 좋아서 웃음이 났다. 사람이 이래서 웃을 수도 있구나 싶었다.

사막으로 들어가는 입구가 따로 있는 건 아니었다. 포장도로를 달리다가 정신을 차려보니 어느새 사막에 들어와 있었다. 모래가루가 얼굴에 닿는걸 보니 진짜 사막임에는 틀림없는 것 같았다. 주변을 둘러보니 사방이 모래언덕이었다. 방금 전까지 뒤쪽으로 보이던 스바콥문트 시내는 이제 모래언덕 뒤편으로 넘어가 버렸다. 완전히 다른 세상이다. 하늘과 모래만 있는 세상. 그 두 가지 색깔로 이루어진 세상. 이럴 수가, 어떻게 내가 여기 있을 수 있을까?

앞서 달리던 가이드가 한곳에 멈춰섰다. 그는 갑자기 무릎을 꿇고 모래를 파헤치기 시작했고 그곳에선 커다란 나무보드가 나왔다. 샌드

보드를 이렇게 비밀장소에 묻어두고 올 때마다 꺼내 쓰나보다. 이 넓은 데서 같은 장소를 용케도 잘 찾아낸다.

보드를 받아 언덕 위로 걸어 올랐다. 아찔했다. 내려다본 곳은 스키장 중급코스보다 훨씬 가팔랐다. 게다가 눈이 아니라 모래지 않나. 살이 쓸리면 분명 화상이라도 입을 것이다. 그렇게 생각한 건 나뿐만이 아니었다. 그 누구도 선뜻 총대를 메지 못하고 있었다. 그때 마이크가 보드에 엎드려 누웠다. 그러더니 뜸도 안 들이고 바로 활강을 시작했다. 우오, 엄청나게 빠르다. 우리가 침을 꼴딱 삼켜가며 지켜보는 사이, 그 큰 덩치는 점점 작아지더니 손톱만해 보일 때쯤에야 멈춰섰다. 몸을 털고 일어난 그는 환호성을 질렀다. 머뭇거리던 사람들은 그제서야 하나둘씩 보드에 올라 앞다투어 저 아래로 미끄러져 내려갔다. 내 차례가 왔다. 에라 모르겠다. 일단 보드에 엎드렸다. 앞부분을 양손으로 잡아당기고만 있으면 최소한 고꾸라지지는 않을 거라는 가이드는 그 말이 끝나기 무섭게 나를 밀어버렸다. 이 사람아, 아직 마음의 준비가 안됐다고오오오. 뒤돌아서 원망의 눈초리라도 쏴주고 싶은 마음도 잠시, 엄청난 속도감에 온몸의 신경이 쭈뼛하다. 얼굴이 바닥에 바짝 붙어 있으니 체감속도는 훨씬 빠르다. 이렇게 빨라도 되나 싶을 정도로 속도가 붙다가 이내 점점 느려지더니 나를 보며 웃고 있는 친구들의 얼굴이 보일 때쯤 멈췄다. 이거 정말 엄청나구나.

입에 잔뜩 들어간 모래를 퉤퉤 뱉어내고 보드를 들고 일어났다. 스노보딩은 리프트를 타고 올라가면 되지만 샌드보딩은 내려온 길을 걸어 올라가야 한다. 사막을 걷는 것은 산을 오르는 것보다 체력소모가 몇 배는 심하다는 걸 여기와서 알았다. 제자리 걸음을 하듯 발은 푹푹 빠지고 바람이 불 때면 이 커다란 보드 때문에 몸이 휘청이기까지 한

다. 10초만에 내려온 언덕을 20분 동안 낑낑거려 겨우 올라왔다.

가이드는 이번에 우리를 더 높은 곳까지 데리고 올라갔다. 이건 진짜 말도 안 된다. 시야에 들어오는 모래언덕 중 가장 높고 가파르다. 스키장 최상급자 코스 정도는 되어 보였다. 진짜 못할 것 같았다. 하지만 여기까지 힘들게 보드를 들고 올라온 게 아깝다. 다시 걸어 내려갈 순 없는 노릇이다. 마음을 고쳐먹고 이번엔 카메라를 가이드에게 맡기고는 보드에 올랐다. 그리고 활강. 두 번째라 그런지 훨씬 빠른 속도에도 겁나긴커녕 더 신나게 탔다. 그런데 더 이상 타기는 싫다. 걸어 올라오기 너무 힘들어서.

친구로부터 행복에 관한 이야기를 들었다. 행복에는 두 가지 종류가 있는데 첫 번째는 그 순간 오롯이 '행복하다'고 느끼는 것이고 두 번째는 훗날 그때를 돌아봤을 때 '행복했었지'라고 느끼는 거란다. 나는 이

이야기를 듣고 첫 번째 행복에 대해 생각하면서 스바콥문트에서 쿼드 바이크를 타던 순간을 떠올렸다. 이 정도라면 그때 내가 얼마나 즐거웠는지 짐작이 되는가.

소수스플라이

포근한 침대에 꼼짝 않고 누워 있다가 사막을 달리고, 또 다시 누워 천장만 보다가 하늘에서 뛰어내렸다. 그렇게 아늑함과 극도의 흥분을 동시에 경험했던 스바콥문트를 떠나는 날이 됐다. 오늘부터 다시 나흘간의 캠핑생활이 시작된다. 열흘 넘게 캠핑을 하다가 고작 3일을 호스텔에서 지낸 것 뿐인데 이미 안락함에 익숙해져 버렸나 보다. 새벽에 벌벌 떨면서 일어나 매트의 바람을 빼고 텐트를 거둘 생각을 하니 벌써 진저리가 난다.

우리가 있었던 지난 3일과 달리 오늘의 하늘은 잿빛이다. 곧 유리창에 빗방울이 날카로운 흔적을 남길 것만 같다. 트럭은 바다와 사막 사이를 달린다. 왼쪽에는 나미브 사막이, 오른쪽에는 대서양이 보인다. 잠을 조금밖에 못 자 피곤한데도 시시각각으로 변하는 창밖의 풍경에 잠들 생각이 들지 않는다. 진짜 꼭 다시 와야지. 스바콥문트.

비를 뿌릴 것 같은 하늘이 언제 그랬냐는 듯이 쨍해졌다. 도대체가 예측을 할 수가 없다. 트럭에 오를 때는 이럴 줄 모르고 아무 데나 앉았는데 내 자리가 햇빛이 닿는 쪽이라 외투를 뒤집어 쓰고 몸을 웅크린 채 쪽잠을 자면서 이동해야 했다.

우리는 지금 소수스플라이로 가는 길이다. 내가 나미비아를 아프리카 여행에서 가장 기대했던 이유. 사진 한 장에 완전히 사로잡혀 고대하고 고대했던 그 곳 말이다. 소수스플라이는 나미브 사막 남쪽에 위치한 붉은 사막 지역이다. 자세히 설명하자면 말라버린 염전과 점토반층 등 이야기가 복잡해지니 그냥 생략하도록 하겠다. 아무튼 내가 본 사진은 듄45라는, 소수스플라이의 관광객들이 일출을 보기 위해 오르는 모래언덕에서 찍은 것이었다. 캠핑장에서 45km 떨어져 있다고 해서 듄45란다. 이름 한 번 단순하게 지었다.

동경하던 곳을 실제로 가는 것은 설렘과 함께 작은 두려움을 수반한다. 그 두려움은 행여나 닥쳐올 실망감에서 기인한 것인데 나는 항상 그것을 대비해 오히려 기대를 억누르는 이상한 심리상태를 만들어 버리곤 했다. 파리 증후군(파리에 대한 환상을 가지고 있는 사람이 파리의 현실을 보고 당혹감을 넘어서 쇼크상태를 경험한다던가 심할 경우 우울증으로 이어지는 현상) 같은 증상을 겪지 않도록 미리 각오를 다지는 마음이랄까. 지금 소수스플라이로 가는 이 순간도 그런 기분이다.

차가 멈췄다. 오너리는 눈앞에 있는 모래언덕을 가리키며 저게 듄45라고 했다. 그것은 그냥 지금까지 지나쳐 온 많은 모래언덕 중에 하나였다. 주위로 보이는 다른 듄들에 비해 경사가 완만하고 오르기 쉬운 곳에 위치했을 뿐, 딱히 특별한 점은 찾을 수 없었다. 사람들이 쉽게 오를 수 있는 듄 하나에 이름을 붙여 유명하게 만든 거였다. 분명히 사진에서 받은 느낌은 아니었는데 그렇다고 맥이 빠질 정도로 실망스럽진 않았다. 눈앞에 있는 것을 그 자체로서 받아들일 뿐이다. 이때부터였던 것 같다. 기대와 현실을 비교하면서 점수를 메기지 않기 시작했을 때가.

보통 듄45는 일출이 유명한데 아쉽게도 우리는 오후에 도착해서 일출을 볼 수는 없었다. 같은 이유로 듄45에는 우리 일행 외에는 아무도 없었다. 왔으니 일출은 못 볼지언정 뷰포인트까지 올라가 보기로 하고 뙤약볕 아래에서 사막 등산을 시작했다. 신발을 신고 오르니 계속 모래가 들어가 발이 무거워졌고 그렇다고 신발을 벗자니 오전 내내 뜨거운 햇볕에 달궈진 모래에 발바닥을 붙이기가 어려웠다. 목은 타고 체력은 급격히 떨어진다. 겨우 한 걸음 내딛어도 발이 빠져 제자리 걸음을 하

▶ 이 고운 모래입자들은 어디서 날아와 여기 이렇게 쌓였을까.
또 어떻게 부는 바람에도 떠나지 않고 여기에 그대로 남아 있을까

는 것만 같다. 오르면 오를수록 정상은 더 멀어진다. 멈춰서 숨을 고르다 그 자리에 주저앉아 버렸다.

그런데 정상에 나란히 앉아 저 멀리 떠오르는 태양에 사막이 붉게 물드는 장면을 보는 감동은 나만 기대했나 보다. 아니면 원래 듄45가 일출로 유명한 곳인지 모르는 건가? 다들 반응이 영 미지근하다. 덥다고 사막에 안 오르는 사람도 많고 일출에 왔으면 더 좋았겠다며 아쉬워하는 이도 없다. 혼자 아쉬워하는 것도 외롭다. 아쉬움도 함께하면 조금 위로가 될 텐데.

위에서 태양이, 아래에서 사막이 주는 열기에 '사막에 앉아 대 자연의 위대함을 느껴보기'라는 나의 애당초 계획은 도저히 가능해 보이지 않는다. 인상을 잔뜩 구기고 앉아 가져온 생수통에 담긴 마지막 물 한 방울까지 입에 털어넣자 얼른 내려가서 그늘에서 쉬어야겠다는 생각뿐이다. 성큼성큼 빠른 걸음으로 순식간에 내려와 버렸다. 어느새 양말 안에 모래가 한 주먹이다. 양말에서 모래 덩어리가 툭 하고 떨어지니 그걸 본 친구들이 기겁을 한다.

아쉽게도 듄45와 함께 가장 기대했던 장소 중 하나인 데드플라이는 대부분의 사람들이 옵션으로 선택하지 않아 가지 못했다. 나 혼자라도 가겠다고 우겨볼까 하다가 마음을 고쳐먹고 다음을 기약했다. 아쉬운 대로 캠핑장에 돌아와 데드플라이의 사진이 담긴 마그넷을 하나 샀다.

오늘 이곳 소수스플라이로 오기 전, 작은 문제가 생겼다. ATM에서 돈을 뽑는데 돈을 세는 소리가 들리더니 돈은 안 나오고 'Transaction Incomplete'라고 적힌 명세서만 나온 거다. 다시 한번 시도했을 때는 돈이 나오긴 했는데 그 명세서를 보니 찝찝한 기분을 지울 수 없었다. 그래서 캠핑장에 오자마자 인터넷 뱅킹에 들어가 확인을 했다. 역시나 첫 번째 거래에서도 돈이 빠져나간 걸로 되어 있었다. 5만 원 정도 되는 액수였기에 무슨 수를 써서라도 꼭 받아내야 했다.

일정이 모두 끝나고 모닥불 주위에 둘러앉아 있는 사람들 사이를 빠져나와 혼자 노트북을 들고 터덜터덜 걸어 캠핑장 사무실까지 왔다. 그런데 24시간이라던 주유소, 편의점, 카페의 불은 전부 꺼져 있고 밖에 있던 테이블도 죄다 치워져 있다. 어쩔 수 없이 건물 앞 바닥에 쭈그려 앉아 은행에 메일을 썼다. 사방에 어둠이 내린 아프리카의 대자연과는 참 안 어울리는 내용이었다. 모니터에 고개를 박고 있다가도 어딘가에서 작은 소리라도 나면 화들짝 놀라 미어캣처럼 주위를 살폈다. 혹시 어디선가 나를 노려보는 맹수가 있지는 않을까. 그러다가 우연히 보게 된 하늘. 별이 쏟아질 것만 같다. 한국에선 보이지 않던 별들이 다 어디 갔나 했더니 여기에 모여 있었다. 일출을 못 봐도, 데드플라이를 못 가도, ATM에게 돈을 떼여도 아프리카는 여전히 좋다.

이제 슬슬 적응할 법도 한데 아침에 텐트에서 나오는 다니엘의 알몸을 보노라면 아직도 소스라친다. 침낭 속에서 그 모습을 보며 나도 더 움츠릴 수 있게 몸이 더 길었으면 좋겠다는 쓸데없는 생각을 했다. 그러다가 차라리 얼른 준비하고 모닥불로 달려가는 게 낫겠다 싶어서 침낭을 박차고 일어났다.

이동을 많이 하는 날엔 트럭 자리를 잘 선택해야 한다. 어제의 실수를 만회하고자 오늘은 반대편에 앉아 햇빛을 피해 편히 갈 수 있었다.

점심은 길가에 마련된 테이블에서 해결한다. 한국으로 치면 대관령 고개 길가에 차를 대놓고 식사를 해먹는 꼴인데 참 아프리카답다는 생각을 했다. 지나가는 차들은 반갑다는 건지 부럽다는 건지 경적을 울리며 우리 옆을 지나간다. 테이블 위에 지붕이 있길래 '연간 강수량이 세계 최저 수준인 이곳에서 무슨 비를 대비하나' 하고 코웃음을 치다가 우천 대비가 아닌 그늘을 만들기 위한 지붕임을 이내 깨닫고는 나도 슬그머니 그늘로 몸을 피했다.

오늘은 나미비아의 마지막 날. 피시리버캐니언(Fish River Canyon)에서 석양을 보며 지난 나미비아에서의 열흘을 돌아본다. 행여나 비자에 문제가 있을까 숨죽여 국경을 통과하던 첫날부터 에토샤 국립공원의 코뿔소, 스바콥문트에서 쿼드바이크, 샌드보딩, 스카이다이빙 그리고 소수스플라이의 붉은 사막까지. 언제쯤 다시 올 수 있을까 아니 다시 한번 올 수나 있을까. 감상에 젖어 있는 사이에 해는 협곡 너머로 넘어가 버렸다. 그리고 사람이 만들 수 없는 하늘의 그라데이션과 지평선을 보면서 지금 이 순간 나는 정말 운이 좋은 사람이라고 스스로에게 말했다.

남아공

AFRICA

남아공

당혹스러운 푸른색, 남아공

아프리카의 마지막 국가 남아공으로 넘어가는 국경. 출국심사를 하는 곳 옆에 있는 Tax Refund 사무실에 가서 스바콥문트에서 샀던 렌즈의 영수증을 제출했다. 카메라샵에서는 그냥 영수증만 내면 알아서 해준다고 했는데 그게 아니라 따로 작성해야 하는 서류도 있었고 또 그 서류를 나미비아 재무부에 보내는 것 또한 내 일이었다. 나를 제외한 모든 사람이 출국수속을 마치고 기다리고 있어 마음이 급해졌지만 직원을 붙잡고 끝까지 도움을 받아 팩스 전송까지 무사히 마쳤다.

(여행을 마치고 한국에 도착하고 수개월 후, 나미비아 재무부로부터 편지 한 통을 받았다. 여권 사본을 제출하지 않았으니 환급해 줄 수 없다는 것. 괜히 트집을 잡힌 것 같은 기분에 오기를 부려 여권 사본을 동봉해서 다시 나미비아로 우편을 보냈다. 동네 우체국 직원이 'Namabia 이게 나라 이름이에요?'라고 물으며 나를 이상하게 쳐다봤었다. 그러나 2년이 지난 지금도 아직 입금되지 않은 내 돈. 언젠가 통장에 정체불명의 10만 원이 들어오는 날을 기대해 본다)

트럭에 오르는데 험악한 엔진소리를 내며 오토바이 두 대가 들어온다. 보기만 해도 땀이 줄줄 흐를 것 같은 가죽자켓과 가죽바지를 입은 두 라이더는 시동을 끄고 멋지게 헬멧을 벗었다. 인상을 쓰고 얼굴에 잔뜩 눌러붙은 머리카락을 떼어내는 두 사람은 중년의 부부(혹은 연인)였다. 아마 수백 km를 달려 여기 국경에 왔을 것이다. 오토바이를 타고 아프리카를 달리면 어떤 기분일까. 나와는 다른 방식으로 이 세상을 여행하는 그들을 조금은 부러워하며 나미비아를 떠났다.

남아공의 첫 캠핑장은 국경에서 멀지 않은 곳에, 오렌지 강(Orange River)이 내려다 보이는 위치에 있었다. 이른 시각에 캠핑장에 도착해 다들 선탠을 하거나 강가에서 발을 담그고 맥주를 마시거나 모처럼 여유로운 시간을 보낸다. 맥주를 한 잔 마시고 그늘에 쳐놓은 텐트에 들어가 하품을 하며 슬슬 자볼까 하고 생각하는 찰나, 해야 할 일이 떠오른다. 밀린 일기 쓰기. 선명한 기억보다 희미한 연필자국이 더 오래

간다는 말에 100% 동의하는 피곤한 체질이라 여행을 시작하고 줄곧 일기를 써왔다. 어쩌다 하루 이틀 정도는 밀리는 경우는 있었지만 한 번도 건너뛴 적은 없었다. 얇은 나뭇가지로 만들어진 울타리에 기대어 앉아 노트북을 켰다. 슬리퍼를 벗으니 발바닥으로 느껴지는 잔디의 감촉. 불과 얼마 전 사막을 걸었던 이 발이 지금은 푸른 잔디에 닿아 있다. 발바닥으로부터 느껴지는 생명력에 괜히 발가락을 꼼지락거려본다.

다음날, 트럭에 오르자마자 잠이 들었다. 몇 시간쯤 흘렀을까, 눈을 떴을 때 우리는 푸른 초원을 달리고 있었다. 말라 비틀어진 나무와 돌산 사이의 비포장도로를 덜컹거리며 달렸던 게 엊그제인데 창밖의 초원은 뻔뻔하게 푸르름을 빛내고 있다.

내일이면 트럭킹의 종착역인 케이프타운에 도착한다. 캠핑도 오늘로 마지막이다. 그래서 그런가 아침마다 다니엘과 낑낑거리며 텐트를 정리하는 것도, 옷을 여러 겹 껴입고 얇은 침낭에서 새우잠을 자던 것도, 트럭에서 옆자리 조엘과 어색하게 침묵을 지켰던 것도, 모든 것이 벌써 그립다.

트럭킹을 하는 동안 멋진 캠핑장을 많이 가볼 수 있었던 것은 정말 행운이었다. 우리의 마지막 캠핑장 역시 기대를 져버리지 않았다. 와이

너리에서 운영하는 캠핑장으로 드넓게 펼쳐진 포도밭이 한눈에 들어오는 곳이다. 포도밭이 배경인 데다가 잘 자라 있는 잔디 위에 텐트를 치니 군용 텐트를 떠올리는 칙칙한 색깔마저 예뻐 보인다.

오후 5시부터 와인 테이스팅이 있었다. 7~8종류의 와인을 맛보는데 불과 60란드(그 당시 환율로 약 7천 원)밖에 들지 않았다. 평소에 관심을 두지 않았던 스파클링 와인과 로제 와인도 마셔보고 맘에 드는 레드 와인 한 병을 추가로 구입했다.

저녁식사와 함께 와인을 마시며 트럭킹의 마지막 밤을 보냈다. 사람들과 어울리지 못하고 얼른 끝났으면 좋겠다고 생각한 게 엊그제 같은데 이제 트럭킹도 끝나고 며칠 뒤면 아프리카를 떠나야 한다. 내 여행의 1막이 마무리되어 가는 것을 느끼는 지금, 옆에 있는 사람들을 다시 한번 보게 된다. 아침마다 혼잣말로 중얼거리는 소리가 듣기 싫어 속으로 짜증을 냈던 다니엘에게도 괜스레 미안해지고 내가 먼저 다가갔더라면 더 일찍 친해질 수 있었던 사람들에게도 아쉬움을 전하고 싶어진다. 혼자 다니면 혼자 다니는 대로, 친구와 같이 다니면 친구와 다니는 대로, 또 이렇게 난생 처음 만나는 사람들과 한 그룹이 되어 다니면 그것대로의 좋고 나쁜 점이 있다. 그래도 지난 20일을 돌이켜 봤을 때, 즐겁고 행복했던 기억만 떠오르는 걸 보니 내 선택이 틀리진 않았나 보다.

케이프타운에서의 100분 토론

푸른 잔디밭이 점점 노란 꽃밭으로 변해가는 모습에 넋을 뺏겼다가 정신이 들 무렵, 저 멀리 케이프타운의 상징인 테이블 마운틴이 눈에 들어왔다. 짐바브웨 빅폴에서 시작된 여정이 무사히 끝났다는 안도감과 헤어짐에 대한 아쉬움이 동시에 밀려온다.

창밖으로 보이는 케이프타운 시내는 듣던 것처럼 어느 유럽의 도시 같다. 테이블 마운틴 아래를 둘러싼 예쁜 집들과 고층빌딩, 그리고 그 앞을 달리는 고급 자동차. 이렇게 도시 같은 도시는 아프리카에서 나이로비 이후 처음이다. 가장 번화가인 롱스트리트엔 형형색색의 유럽식 건물이 즐비하고 거리를 활보하는 사람들은 얼마나 패셔너블한지 트럭킹에 최적화된 차림새의 우리가 오늘따라 창피하다. 기존에 가지고 있던 '아프리카'라는 통념과 가장 대비되는 모습을 가진 케이프타운이다.

우리가 다 같이 묵는 마지막 숙소인 아샨테롯지에 도착했다. 이제 트럭과도 그리고 짐바브웨부터 내 보금자리가 돼 주었던 텐트와도 작별이다. 마당에 널브러진 수십 개의 배낭을 보면서 이제 저 배낭들이 한곳에 저렇게 쌓여 있을 일도 없겠구나 하는 생각이 들었다. 고작 3주도 안 되는 시간을 함께했을 뿐인데 왜 이렇게 혼자서 유난스러운 감정이 드는지 모르겠다. 투어리더인 오너리, 요리사 프레디, 드라이버 칼리토스에게 각자의 모습이 담긴 사진을 선물하며 마지막 인사를 했다. 그들은 이런 작별엔 꽤나 익숙한 듯 가벼운 미소만을 보이고 떠났다. 아무리 트럭킹이 패키지 여행과는 다르다고 해도 이들이 우리를 정해진 스케줄대로 가야 할 곳에 데려다 줬는데 이제부턴 정해진 스케줄도 편하게 이동할 트럭도 없다. 갑자기 주어진 자유에 뭐부터 해야 할지 모르겠다.

방으로 돌아와 혼자 조용히 일기를 쓰고 가방정리를 하려는데 엘리사에게 메시지가 왔다. 친구들과 카페에 같이 있는데 오겠냐는 거였다. 낯가림이 없는 것도 아니고 새로 만난 외국 친구들이랑 또 어색하게 있게 될까봐 처음엔 거절하려 했다. 그런데 막상 방에 혼자 있으려니 그것도 내키지 않았다. 카페주소를 받고 숙소를 나왔다.

엘리사는 스바콥문트에서 트럭킹에 합류한 남아공 친구 '무라로', 그리고 그녀의 친구들과 함께 있었다. 남아공 여대생 셋은 낯선 한국 사람의 등장에 다소 어색해 했지만 그것도 잠시였다. 평소에 관심이 많은 건지 아니면 아는 게 너무 많아 적재적소에 활용할 주제를 순간적으로 떠올릴 수 있는 건지 갑자기 한국이라는 나라에 대해 궁금한 점을 쏟아냈다. '너는 남한에서 왔어 북한에서 왔어?' 같은 수준이 아니라 '북한이 핵 개발은 하는 것에 대해 어떻게 생각하냐', '김정은이 정권을 잡은 이후로 남북관계가 어떻게 달라졌냐' 같은, 한국말로도 어버버 거리다 슬쩍 주제를 바꿀 것만 같은 고차원의 질문이다. 기대했던 수준의 답변이 나오지 않자 자기들끼리 나도 안 하는 동아시아의 정세에 대해 걱정을 하기 시작한다. 고국의 동포들은 이 이역만리의 여학생들이 이렇게 우리 걱정을 해주고 있다는 걸 상상이나 할까. 말은 또 어찌나 빠른지 차라리 한국에 별로 관심이 없는 엘리사가 오늘따라 고맙다. 우리의 일상도 그러하지만 특히 여행이 주는 가장 특별함은 '예측불가'이다. 몇 시간 전에 침대에 누워 있을 때만 해도 내 대신 한국을 걱정해주는 남아공 친구들을 만나리라고 생각이나 했을까.

심심풀이로 왔다가 100분 토론을 방청하고 자리를 일어나려는 찰나, 백인 웨이터가 계산서를 테이블로 가져왔다. 흑인 친구들이 음식과 커피 값에 팁을 보태어 계산서에 액수를 적고 웨이터는 카드를 받아간다. 그 일상적인 모습에서 나는 한 그림이 오버랩되는 것을 보았다. 어렸을 때 봤던 마틴 루터 킹의 위인전, I have a dream을 외쳤던 그 연설의 삽화였다. 그 삽화 속에는 다양한 피부색의 아이들이 작은 나무 테이블에 앉아 음식을 먹고 있었다. 인종에 따라 차별받지 아니하고 가진 능력대로 일하고 대접받는 사회. 그가 꿈꾸던 세상이 결국 왔음을 50년이 지난 지금, 나는 남아공의 한 카페에서 새삼 깨달았다.

샤크 케이지 다이빙

눈을 뜨기도 전에 느껴지는 포근함이 좋다. 매트가 아닌 침대 위에 누워 있다는 사실을 인지한 순간 그간 꼼짝도 못하고 정자세로 잠을 자야 했던 설움이 생각났다. 침낭 속에 미라처럼 갇혀 눕느라 얼마나 고생이 많았던가. 자세라도 한 번 바꿔보려 하면 매트에서 나는 뿌드득 소리에 자는 다니엘을 깨울까 노심초사했고 새벽 추위에 바지를 두세 겹씩 껴 입느라 자면서도 얼마나 불편했던가. 이제부터는 추위와 싸워 이겨야 한다는 각오와 함께 잠자리에 들 일도 없다.

이불 밖으로 고개를 내밀어 방 안을 쓱 둘러보니 나를 뺀 전부가 여자 투숙객이었다. 그간 혼숙 도미토리에서 여러 번 묵어봤지만 이런 경우는 처음이다. 그리고 각자의 침대엔 속옷들이 아무렇지도 않게 널려 있었다. 그녀들에게 같은 방에 묵은 남자 하나는 빨래를 굳이 밖에다 널어야 할 이유가 되지 못했나 보다. 널린 속옷 너머로 아침인사를 주고받고는 얼른 방을 빠져 나왔다.

오늘로서 트럭킹에 포함된 모든 숙박 일정이 끝이 났다. 트럭킹 멤버 몇 명과 함께 체크아웃을 하고 다른 백패커스로 자리를 옮겼다. 롱스트리트 한복판에 있는 작은 철문을 열고 좁은 계단을 올라가니 입구를 봤을 때는 전혀 상상이 가지 않았던 넓은 공간이 나왔다. 유리로 된 천장과 실내정원이 있는, 시끌벅적한 롱스트리트와는 완벽하게 분리된 장소였다.

롱스트리트 백패커스

방에다 짐을 던져놓고는 바로 샤크 케이지 다이빙(Shark Cage Diving) 픽업차량에 올랐다. 케이프타운에서 조금 떨어진 곳이라고 들었을 뿐 이렇게 멀리 갈 줄은 몰랐다. 자다가 시계를 보니 1시간 반이나 지나 있었다.

도착한 다이빙센터는 2층짜리 하얀 건물이었다. 앞에는 바다가 펼쳐져 있고 건물 입구에는 조악한 상어 조형물이 녹슨 철근에 대롱대롱 매달려 있었다. 준비된 음식으로 가볍게 아침을 먹고 다이빙에 대한 브리핑을 들었다.

"가끔 상어가 여러분을 쳐다보고 있다고 느낄 때가 있을 겁니다. 그런데 그건 진짜예요."

다들 웃음을 터뜨린다.

"하지만 걱정 마세요. 상어는 여러분 각자를 먹잇감으로 생각하지 못하고 케이지 전체를 하나의 물체로 인지하기 때문에 여러분들에게 달려들 일은 없을 거예요."

그는 상어를 보지 못하면 환불해 주냐는 누군가의 농담 섞인 질문에 마지막으로 상어를 보지 못한 날이 1년 10개월 전이라며 혹시라도 상어를 못 보게 된다면 환불을 해주겠다고 했다.

아침부터 잔뜩 흐렸던 하늘은 이제 비를 뿌릴 준비를 하고 있다. 바람까지 불어 우중충한 날씨에 배에 오르는 사람들의 표정도 어둡다. 높은 파도에 배는 엄청나게 흔들려 댔고 나는 잔지바르 돌핀투어의 악몽이 떠올랐다. 아무리 케이지 안이라고 해도 이렇게 높은 파도가 이는 바다에 뛰어든단 말인가?

배는 어느 지점에 멈춰 닻을 내렸다. 닻을 내려도 배는 여전히 무언가를 잡지 않으면 제대로 설 수 없을 정도로 흔들리고 있었다. 그 와중에 스무 명 가까이 되는 사람들 사이에 껴서 다이빙수트로 갈아입어야 할 때는 돈 내고 이게 무슨 고생인가 싶기도 했다. 축축한 수트를 입고 있으니 추위에 찝찝함이 더해져 차라리 얼른 끝내고 돌아갔으면 좋겠다. 이렇게 침울한 분위기의 액티비티는 처음이다.

크루들은 케이지를 배에서 내려 선체 측면에 고정시켰다. 그사이 벌써부터 뱃멀미를 하는 사람들도 생겨났다.

"토하고 싶은 분들은 케이지 반대편에 가셔서 바다에 하시면 됩니다."

파랗게 질린 사람들을 위한 안내방송이 나온다. 친절하기도 하셔라. 아까 내게 다가와 '같은 카메라를 쓰니 이따가 서로 바꿔서 찍어주자'던 남자는 지정된 '토하는 곳'에서 고개를 숙여 아침에 먹은 걸 게워내고 있었다.

케이지는 옆으로 길다랗게 생겼다. 다섯 명이 한 팀이 되어 입수하여 옆으로 나란히 손잡이를 잡고 고개를 내밀고 있다가 크루가 신호를 주면 물속으로 들어가 상어가 케이지 앞을 지나치는 걸 보는 거였다. 첫 번째 팀 5명이 입수했다. 들어가자마자 차가운 물에 다들 비명을 지르고 난리도 아니었다. 들어가자마자 나오는 사람도 있었다.

잠시 후 백상아리가 저 멀리서 지느러미를 수면 위로 드러내고 다가왔다. 커다란 생선머리를 이용해 녀석을 케이지 가까이로 유인했다. 녀석은 물 위로 그 날카로운 이빨을 보이며 미끼를 격렬하게 물어뜯는다. 눈앞에서 그걸 보고 있자니 심란했던 기분은 온데 간데 사라지고 점점 흥분되기 시작했다. 배 위에서 봐도 이렇게 놀라운데 물속에서 보면 어떤 기분일까. 15분 정도 지나 첫 번째 팀이 온몸을 달달달 떨며 케이지에서 나왔고 이제 우리 차례가 됐다. 나 포함 다섯 명이 함께 케이지로 들어갔다. 물은 생각보다 훨씬 더 차가웠다.

"지금이야!"

고개만 밖으로 내밀어 벌벌 떨고 있던 우리는 들리는 신호에 일제히 물속으로 들어갔다. 그리고 전방 1m 앞을 사아악 지나가는 백상아리. 길이가 2m는 족히 넘어 보였다. 녀석이 지나가자 우리는 물 밖으로 고개를 듦과 동시에 탄성을 질렀다. 수족관에서도 본 적이 없는 저렇게 큰 상어를 바닷속에서 그것도 철창 하나를 사이에 두고 보게 되니 온몸이 찌릿했다. 이가 갈릴 정도로 추웠지만 나는 나가기가 싫었다.

스무 명 정도의 사람들 중 아예 입수를 안 한 사람도 있고 대부분은 한 번 물에 들어갔다 나와 수건으로 몸을 칭칭감고 떨고 있었다. 신난 건 나를 포함 몇 명뿐이었다. 다시 물에 들어가 신호를 듣고 고개를 푹 담갔다. 그런데 이번에는 아까보다 더 큰 녀석이 옆으로 지나가는 것이 아니라 정면으로 다가오고 있었다. 너무 가깝지 않나? 하는 찰나에 녀석은 케이지와 충돌했고 하필 내 바로 앞에서 코를 철창 안으로 들이밀었다. 손만 살짝 뻗으면 상어의 이빨을 만질 수 있는 거리였다. 순간 너무 무서웠지만 나는 물 밖으로 나오지 않고 오히려 이 상황을 즐기고 있었다. 녀석은 금세 고개를 돌려 시야에서 사라졌고 나와 내 옆에 있던 제이미는 물 밖으로 고개를 들어 소리를 질렀다. 이렇게 짜릿한 액티비티였다니! 정말 하길 잘했어! 하지

만 몇 분 후 흥분이 가라앉자 철창 하나에 목숨을 의지했다는 게 그제서야 실감 나면서 뒤늦은 공포가 찾아왔다. 만약에 케이지가 녹슬어 있어 상어가 그걸 뚫었다면? 끔찍한 상상을 하다가 얼른 물 밖으로 나와버렸다. 우리 팀을 마지막으로 배는 닻을 올렸고 우리는 다시 육지로 돌아왔다.

센터 사무실엔 따뜻한 점심이 준비되어 있었다. 점심을 먹으며 촬영한 영상을 봤다. 그 자리에서 바로 편집을 하다 보니 그렇게 잘 만들어진 영상이라고 할 수는 없었지만 상어가 내 앞에서 케이지를 들이받는 모습이 찍혀 300란드나 주고 샀다(이걸 산 사람은 나 외에 두 명뿐이었다). 배가 떠 있는 동안 다이빙 한 번 못하고 창백한 얼굴로 구역질만 하던 남자는 '인생 최악의 경험'이라며 돈이 아깝다고 씩씩거리고 있었다.

다시 케이프타운으로 돌아갈 시간이다. 차가 출발하니 잠시 멈췄던 비가 다시 내리기 시작했다. 그 비는 곧 닥쳐올 나의 시련의 전조였을까.

다이빙이 끝나고부터 조금씩 꼬르륵거리던 아랫배가 심상치 않다. 이러다 말겠지, 하고 차에 올랐는데 뭔가 잘못된 것 같았다. 바닷물을 너무 많이 먹었나? 아니면 아까 먹은 점심이? 그때까지만 해도 누가 말을 걸면 대답은 할 순 있을 정도로 그럭저럭 견딜 만했다. 하지만 원인을 알 수 없는 고통은 점점 그 빈도가 잦아지고 있었다. 처음엔 2~3분에 한번씩 오던 고비는 이제 사정없이 나를 몰아치고 있었다. 왜 출발 전 사태의 심각성을 몰랐을까? 나는 이제 애꿎은 과거의 나를 원망하고 있었다. 귓가엔 영화 죠스의 주제가가 들리는 듯했다.

얼굴은 사색이 되었는데 겉으로 티를 내긴 싫었다. 드라이버에게 가서 태연한 표정으로 얼마나 더 가야 되냐고 물었다. 중간에 잠깐 들를 곳까지는 30분이 남았다고 했다. 자리로 돌아갔다. 일단 참아보기로 했다. 신경을 다른 곳으로 분산시키기 위해 다리를 떨었다. 그러다가 앞 좌석에 고개를 쿵쿵 박았다. 어금니를 꽉 깨문 채로 심호흡을 했다. 나도 모르게 혹시나 터질 최악의 상황이 머릿속에 그려졌다. 내리는 비에 창문도 열지 못한 좁은 차 안은 아비규환이 될 것이다. 그리고 20일간 동고동락했던, 트럭킹이 끝날 무렵에야 겨우 친해진 친구들과는 그렇게 영영 이별하게 될 것이다. 상상만 해도 끔찍했다.

그러는 사이에 상황은 일촉즉발로 흘러갔다. 그건 인간 따위의 힘으로 어떻게 할 수 있는 게 아니었다. 드라이버에 다시 가서 솔직하게 상황을 털어놓았다. 사태의 심각성을 인지한 그는 아까와는 표정이 달라졌다. 가장 가까운 주유소는 10분 거리에 있으며 정 안되겠으면 길가에라도 세워주겠다고 했다. 우리가 달리는 길은 비 오는 갈대밭이었다. 수풀 속에 들어가 비를 맞으며 쪼그려 앉아 있는 모습을 그리니 처량하길 넘어서 슬프기까지 했다. 나는 괜찮으니 일단 빨리 가달라고 했다. 그리고 나는 인생에서 가장 긴 10분을 보냈다.

다행히 나는 아직까지 친구들과 연락을 하며 잘 지내고 있다.

케이프포인트, 아프리카를 떠나며

차 두 대를 빌려 네 명씩 나눠 타고 케이프포인트(Cape Point)로 출발했다. 케이프포인트는 남아공 남서쪽 갈고리처럼 튀어나온 케이프반도 가장 끝에 위치한 곳이다. 케이프반도의 최남단이 케이프포인트, 남서쪽 끝이 우리가 잘 알고 있는 희망봉(봉우리는 아니고 여기도 곶이다)이다. 처음엔 잘 모르고 그냥 바다가 보이는 곳 정도로만 알고 따라갔다.

구불구불한 해안도로를 1시간 반쯤 달려 케이프포인트에 도착했다. 차 문을 열자마자 바람소리 그리고 파도소리가 들렸다. 맑았던 아침과 달리 하늘은 점점 구름으로 덮여 이내 회색이 되어 있었다. 아프리카의 끝이라 불리는 이곳엔 오히려 쓸쓸한 날씨가 더 어울리겠다는 생각을 했다.

아득했던 등대는 어느덧 눈앞에 다가와 있었다. 더 이상 걸어갈 곳이 없었다. 여기가 끝이었다. 흐릿한 수평선을 바라보며 저쪽으로 계속 가면 남극이 나오겠지, 하다가 몸을 돌려서는 이쪽으로 계속 가면 남미가 나오겠지, 한다. 내 마음을 어찌 알았는지 등대 옆에는 전 세계 도시의 이름과 거리가 써 있는 푯말이 각각의 방향을 가리키고 있다.

등대. 사람들은 이 항해 구조물에 그 용도와 목적과는 별개로 많은 감정과 상징성을 투영했다. 그래서 등대는 우리에게 의연하면서 외롭고 차가우면서 따뜻하며 아련하지만 멀지 않은 곳에 있는 존재이다.

이제 어디로 가?

우수아이아란 곳에 갈 거야.

추운데 가서 뭐 하게?

거긴 세상의 끝이야. 직접 가서 보고 싶어 가봤어?

등대가 있다는데 실연당한 사람들이 많이 간대. 가서 슬픈 기억들을 다 두고 온대.

지금도 그런 사람들이 있을까?

몰라 있을걸.

몇 마디 해.

뭘 말해?

넌 여기서 유일한 친구였어. 기념으로 간직하려고. 사진은 싫어.

무슨 말을?

그냥 아무거나 말해. 슬픈 일을 얘기해도 돼. 지구 끝에서 모두 버려줄게.

별로 슬픈 일이 없는데?
그럼 행복한 일을 얘기해.

'해피투게더'에서 장이 아휘의 슬픔을 대신 가져간 곳도.

'노킹 온 헤븐스 도어'에서 바다를 한번도 보지 못한 두 남자가 밤을 새워 바다를 향해 달릴 때 그 길을 인도해 주는 것도.

'우리도 사랑일까'에서 마고가 다니엘에게 30년 뒤의 오늘 키스하겠노라고 약속한 장소도.

그렇듯 등대는 많은 이야기 속에서 늘 마지막에 등장해 이야기의 끝을 알리곤 했다. 지금 내 옆에 서 있는 이 등대도 내 여정의 한 장, 그 끝을 알리고 있었다.

환전하는데 10분이나 걸리던 아프리카 공항에 있다가 히드로 공항의 신속한 입국심사를 보고 있으니 성의가 부족한 느낌마저 들었다. 나와 함께 아프리카 대륙을 종단해서 다시 런던으로 돌아온 배낭은 나보다 먼저 나와 컨베이어 벨트 위를 돌고 있었다. 가방을 들고 지갑에 묵혀 있던 오이스터 카드를 꺼냈다. 불과 며칠 전 나는 하마의 싸움을 눈앞에서 보고 친구들과 이야기를 나누면서 노상방뇨를 했는데 12시간의 비행은 나를 전혀 다른 곳으로 데리고 온 것이다.

반짝거리는 터미널 바닥 위엔 수백 개의 발들이 각자의 방향대로 바쁘게 디뎌지고 있었다. 그 많은 사람 속에서 나 혼자만 느리게 걷는 것 같았다. 멍하게 있다가 지하철을 탔다. 꼬질꼬질한 몰골로 피카딜리 라인을 타고 출근하는 사람들 사이에 끼어 있는 내 모습은 어색하기 짝이 없었다. 런던은 석 달 전보다 더 분주해 보였고 나는 더 낯설었다.

그 낯섦에 적응할 여유도 없이 나는 또 계획된 곳으로 날아가야 했다. 아이슬란드와 노르웨이로, 그리고 크로아티아와 터키, 이란으로. 잠시 스페인에서 몸을 추스르고는 대서양을 건너 남미로 가서 부에노스아이레스를 마지막으로 긴 여행을 마쳤다.

그 긴 길 위에서 나는 수백 명의 아이를 만났고 만난 아이들에게 사진을 선물했다. 비록 가져갔던 1,000장의 필름은 다 쓰지 못했지만 아이들과의 만남은 처음에 생각했던 것보다 더 즐겁고 의미 있는 경험이었다. 하지만 그러고 끝이라기엔 뭔가 허전했다. 이렇게 흐지부지 일상에 다시 적응해 버리면 아이들의 그때 그 눈빛, 그 순간의 감정들을 금방 잊어버릴 것 같았다. 이 경험을 주변 사람들과 나눠야겠다는 생각이 들었다. 그래서 '아이들과의 그때 그 순간을 지금 사진을 보고 있는 당신과 이 순간 나누고 싶다'라는 뜻을 담은 '순간을 나누다'라는 이름으로 한 카페에서 개인 사진전을 열었다.

사진을 보러 온 사람들은 대부분 내 친구들이었지만 간혹 우연히 카페를 찾았다가 사진을 보게 된 이들도 있었다.

'저도 저 아이들과 저곳에 함께 있었다면 너무나 행복했을 거예요.'

이름 모를 누군가가 방명록에 남긴 글을 보니 내가 사진전을 통해 얘기하고 싶었던 것이 잘 전달된 것 같아 다행이었다.

이후에도 '세계 일주'라는 다소 거창한 타이틀에 지인들은 경탄과 함께 호기심 어린 질문들을 해왔다. 두 번째로 많이 받은 질문이 '어디가 제일 좋더냐'라는 것이었는데(첫 번째는 '돈이 얼마 들었냐'였다), 그때마다 나는 대륙별로 한 나라씩 골라 나미비아, 아이슬란드, 아르헨티나라고 속 시원한 대답을 해주곤 했다.

하지만 나는 이 대답에 별 의미가 없다는 것을 안다. 여행은 목적지가 아니라 목적지로 가는 길인 것을 너무나 잘 알고 있기에.

졸다가 눈을 떴을 때 창밖으로 보이는 수수한 꽃밭이,
그날따라 발길을 붙잡던 버스커의 기타 소리가,
국경을 넘을 때의 왠지 모를 긴장감이,

아무도 달리지 않는 도로에서 차를 세우고 보던 석양이,
늦은 시간에도 체크인을 해주던 숙소 주인의 웃음이,
기차 안, 옆자리에 앉은 이와의 우연한 대화가,
골목을 걷다가 마주친 아이의 수줍은 표정이

여행의 본질에 더 가까우니까 말이다.

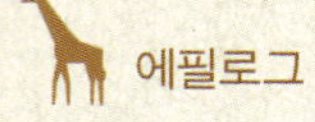

호락호락
아프리카

| 지은이 | 이문환

| 1판 1쇄 | 발행 2017년 1월 20일
| 1판 2쇄 | 발행 2017년 8월 10일

| 발행인 | 김동훈
| 펴낸곳 | 공동체

| 주소 | 경기도 고양시 일산동구 호수로 358-39, 동문타워 1차 905호(백석동)
| 전화 | 031)920-8305(대표)
| 팩스 | 031)920-8308
| 전자우편 | compub@naver.com
| 출판등록 | 2005년 10월 6일
| 등록번호 | 제396-2005-36호

| ISBN | 978-89-6352-351-4
정가 16,000원